中国特色城镇化研究

胡玉鸿/主　编
宋言奇/副主编

城镇化与城乡治理

CHENGZHENHUA YU CHENGXIANG ZHILI

中国特色城镇化研究报告 2013

苏州大学出版社
Soochow University Press

图书在版编目(CIP)数据

城镇化与城乡治理:中国特色城镇化研究报告:2013 / 胡玉鸿主编. —苏州:苏州大学出版社,2014.12
ISBN 978-7-5672-1152-0

Ⅰ.①城… Ⅱ.①胡… Ⅲ.①城市化—研究报告—中国—2013 Ⅳ.①F299.21

中国版本图书馆 CIP 数据核字(2014)第 272193 号

书　　名:城镇化与城乡治理——中国特色城镇化研究报告 2013

主　　编:胡玉鸿
副 主 编:宋言奇
责任编辑:周建国
装帧设计:吴　钰

出版发行:苏州大学出版社(Soochow University Press)
社　　址:苏州市十梓街 1 号　**邮编**:215006
网　　址:www.sudapress.com
邮购热线:0512-67480030
销售热线:0512-65225020
印　　装:苏州工业园区美柯乐制版印务有限责任公司

开　　本:787×1092　1/16　**印张**:11.5　**字数**:207 千
版　　次:2014 年 12 月第 1 版
印　　次:2014 年 12 月第 1 次印刷
书　　号:ISBN 978-7-5672-1152-0
定　　价:35.00 元

序　言

城镇化是一项系统工程,包含的环节众多。城乡治理就是城镇化中的重要一环,具有重要的战略意义。城乡治理的效果,决定了城镇化的发展质量与可持续性程度。城镇化本质是“人的城镇化”,因此城镇化对城乡治理提出了较高的要求,尤其目前我国新型城镇化战略的推进,对城乡治理提出了更高的期待。

为了更好地完善城乡治理,进而推动我国城镇化的发展,我们编写了《城镇化与城乡治理》一书,并设立城镇化与城乡治理理论、城镇化与城乡治理主体、城镇化与城乡治理领域、城镇化与城乡治理问题、城镇化与城乡治理地方经验、短论等6个章节,从理论到实践进行全面探讨,以求为该领域的深入研究尽微薄之力。

目　录

城镇化与城乡治理理论

城镇化与城乡治理主体

城镇化与城乡治理领域

城镇化与城乡治理问题

城镇化与城乡治理地方经验

短　论

城镇化与城乡治理理论

政府软实力：新型城镇化进程中维稳困局的破解

张劲松

【摘要】 新型城镇化建设是未来中国新的经济增长极，而在建设过程中社会问题的复杂性和政府维稳的艰巨性，使政府陷入“投入倍增而收益递减”的困局。维稳过程中的压力型体制，迫使地方政府运用最得手也是最能立竿见影的硬实力方式维稳。维稳的硬实力运作机制，最初是有成效的，而随着城镇化进程的加速，社会利益的进一步分化，政府维稳硬实力的“软”呈现出来，政府常规硬实力维稳出现了失灵。政府运用软实力来维稳，具有很大的优势，从某种程度上说，政府运用软实力维稳，投入少而收益多，软实力运用得当可以在很大程度上显示其“硬”的一方面。因此，为了破解维稳困局，政府要积极稳妥而又创造性地运用软实力。

【关键词】 政府软实力 新型城镇化 维稳困局 破解

【基金项目】 教育部人文社会科学重点研究基地中国特色城镇化研究中心重大项目“新型城镇化视角下社会体制改革与社会稳定长效机制研究”(GJ213103)；江苏省高校优势学科“地方政府与社会管理”资助。

坚持走中国特色新型工业化、信息化、城镇化、农业现代化道路，这是未来中国新的经济增长极。新型城镇化是解决制约经济持续健康发展重大结构性问题的关键，其面临的挑战也很多。新型城镇化道路，既打开了经济可持续发展的大门，也将本已累积的各种社会矛盾进一步加剧，政府维稳压力进一步加大，甚至有的地方维稳压力已达临界值，稍有不慎就可能引发群体性事件。当前政府维稳的成效不如人意，甚至出现维稳“投入倍增而收益递减”的怪象。破解当前维稳困局，要从加强政府软实力建设着手。美国前助理国防部长、著名国际战略思想家约瑟夫·奈在《软实力》一书中指出：“何谓软实力？它是依靠吸引力，而非通过威逼或利诱的手段来达到目标的能力。这种吸引力源于一个国家的文化、政治理念和政策。”运用软实力破解维稳困局有着重要意义。

一、陷入困局：新型城镇化进程中政府维稳投入倍增而收益递减

21 世纪，城镇化进入加速发展的时期，它在成为中国经济增长极的同时，它的

复杂性也带来了大量的社会冲突。维护社会稳定已成为新型城镇化进程中政府工作的重中之重。

(一)新型城镇化进程中社会问题的复杂性和政府维稳的艰巨性

1. 新型城镇化进程中社会问题的复杂性

中国的新型城镇化“已被公认为是世界经济增长与社会发展的两大驱动因素之一”,它在建设过程中的重杂性也是前所未有的,体现在三个方面:

其一,新型城镇化建设具有摸索性。1992年邓小平南方谈话确立了中国也可以搞市场经济,中国从此进入了社会主义计划经济向市场经济转轨的社会大变革阶段,此时“国外发达国家资本主义条件下的城市化理论难以直接引进并加以应用,国内原有的计划经济条件下形成的城市发展理论也难以适应新的发展,所以城市化进程也面临着一系列的科学问题”。在大变革时期,各地方政府所推进的城镇化,没有固定的模式,甚至大多数地方连城镇化的总体规划都没有,即使有,“规划赶不上变化”,中国城镇化道路不免陷入了盲目发展中。“摸着石头过河”式的城镇化,可能成功,也可能失败。大量“鬼城”的出现昭示了一些地方城镇化的失败。即使一些较为成功的,其城镇化仍然不免存在着亟须解决的大量后城市化的问题。

其二,新型城镇化发展具有快速性。自1978年以来,仅在短短的30多年时间内,中国经济取得了令人瞩目的成就,中国迅速成为世界经济总量第二的国家。中国经济的持续并快速的增长,拉动了中国的城镇化进程。经济快速发展,吸引了大量的农村人口转移向城市。在快速发展过程中,城市幅度的拓展,又将原来城市周边的乡村圈入城镇化进程中。工业化、城镇化、农民的市民化,在各种“化”的过程中,大量的乡村在短时间内被“化”掉了,这是历史上任何一个国家都没有经历过的一个奇异的过程。它就发生在具有古老文明的中国,它牵引着包括中国在内的全球化的经济向前发展。中国的城镇化在全球化的前提下,已经成为一个超越国家而引发全球关注的大事件。

其三,新型城镇化问题具有累积性。新型城镇化过程中,不管是有关大自然的问题,如空气污染、气候变暖、海平面上升、矿藏枯竭,还是有关社会的问题,如农民工的市民化、城市病、强征农地、城乡二元化、城镇人口老龄化,所有这些问题,都仿佛是在一夜之间跳出来的。这就是新型城镇化进程中问题累积的结果。西方国家的城市化、工业化,是在几百年时间内自然形成的,是经济发展之后,社会人口和社会结构能与之相适应;然而,在中国,无论是经济发展,还是新型城镇化进程,均与西方国家不同,它的发展太过猛烈。西方国家城市化在其自然形成过程中,存在的问题是“逐步”解决;而中国的城镇化进程中,前面的问题还未来得及解决,新的更难的问题又出现了,一波未平,一波又起。

2. 新型城镇化进程中政府维稳的艰巨性

新型城镇化进程中社会问题具有高度的重杂性,这就决定了政府维稳的艰巨性。具体来说,体现在如下几个方面:

首先,摸索中的城镇化道路一旦决策失误,对某些地方来说,危害可能是毁灭性的。全国人大财经委的报告中称,一些地方借推进城镇化之名,盲目追求城镇化速度和城镇化率,大搞基础设施建设和房地产开发投资,超前规划各种工业园区、开发区和新城区,缺乏产业支撑,造成很多“空城”,占地过多。城镇化道路错一步,维稳任务将增十分。当前一些地方盲目城镇化,带来了经济、政治、文化和社会的多重灾难,这种灾难不仅是目前的,有的还将危害一方很多年,甚至有的危害是永久性的。

其次,快速发展的城镇化与政府能力的有限性之间的矛盾,加剧了政府维稳的艰巨性。“2000—2011 年,我国城市建成区总面积增长 76.4%,远高于城镇总人口50.5%的增速,城镇建设用地年均增长 110 万亩以上,但开发强度普遍偏低,工业用地容积率一般只有0.3～0.6,而发达国家和地区一般在1 以上。”中国城镇化过于注重速度,不太重视质量,人的舒适度、发展和健康需求、生态环境等,都没有成为城镇化重点追求的目标。城镇化不仅是造城建镇,更要实现人的城镇化,好大喜功式的城镇化将有限的资金投入到了大而空的城镇基础设施建设中,用于人的发展的资金有限,造成了城镇排斥人的现象,大量的农民工建设了城镇,而其自身哪怕在城镇工作奉献了大半辈子,最终也“化”不进城镇。政府解决人的问题的能力有限,这正是导致维稳工作成为各地头等大事的重要原因,维稳变成了“搞掂”,只要人不生事,就是“稳”。

最后,城镇化进程中不断累积的问题,尤其是深层次的社会问题,已超出了部分地方政府的解决能力,能力与责任之间出现了反差,地方政府维稳的能力受到质疑。尤其是在中西部地区,因产业结构较为落后,企业发展乏力,所以资本流入较少而流出很多,在这种情况下出现的城镇化,往往就是一个外壳像“城镇”的钢铁森林而已。政府在造城方面下功夫多,在解决就业和社会服务上能力不足,“城市居民来自于不同阶层,经济等级差异往往会瓦解,进一步的结果就是城市中政治运动的大量兴起以及多个利益主体的不断出现”。多个利益主体的出现及其利益的争夺,是当前影响社会稳定的重要因素,政府要满足全体利益主体的诉求,这已超出了许多地方政府的能力。维稳事关重大,维稳能力不足,两者的失衡导致难以达到地方政府维稳的目标。

(二)新型城镇化进程中政府维稳的艰巨性导致投入倍增而收益递减

新型城镇化进程中政府维稳任务艰巨,而在现有的压力型体制下,政府维稳的运作机制导致了投入倍增而收益递减的困局。压力型体制主要包括三个要素结构:(1)数量化的任务分解机制;(2)各部门共同参与的问题解决机制;(3)物质化的多层次评价体系。政府维稳困局主要是在这种压力型体制下产生的,其生成机制如下:

1. 政府维稳任务的分解与维稳成效

在城镇化进程中,当各种社会问题集中爆发的时候,各地在制定了社会经济发展目标和接到上级任务后,党委和政府把它们进行量化分解,通过签订责任书的形式层层下派到下级组织以及个人,要求在规定的时间内完成。

维稳具有典型的中国特色,维稳的终极目标是在共产党领导下的国家长治久安及安定团结的政治局面,维稳的政治性是首要的。维稳要确保基本政治制度长期持续和社会政治秩序的长期稳定,这就是维稳的刚性,它没有任何可缓冲的可能,"这种稳定以垄断政治权力为目标,以僵硬稳定为表象,以国家暴力为基础,以控制社会意识和社会组织为手段。它的主要特点有三个:第一,'刚性稳定'是以政治权力的排他性和封闭性为基础的政治稳定;第二,'刚性稳定'以社会绝对安定为管制目标,把一切抗议行为,如游行、示威、罢工、罢市、罢运等都视为无序和混乱,都要采取一切手段压制或打击;第三,'刚性稳定'以国家暴力为基础,依赖对意识形态和社会组织的控制,具有非程序的法制性。"

维稳的刚性说明,城镇化进程中逐层分解的任务,其重心是任务具有政治性。"稳定压倒一切"其中最主要的内涵是"政权的稳定压倒一切"。任务的政治性与新型城镇化发展维稳内容的群体利益性交织在一起,以经济为中心的群体利益的分配,最终与政府维护政权稳定直接挂钩。而解决群体利益冲突的手段,自然而然与政权稳定的政治性挂上了钩。经济利益冲突上升为政治问题。经济利益冲突的解决就是经济性的,是要考虑成本的,而政治问题的解决则往往是不计代价的,因而最终政府维稳常常不计代价,这是政治维稳成本倍增的重要原因。

2. 政府维稳运作的共同参与与维稳成效

政府解决稳定问题的共同参与机制包括两种,"一种是各部门的工作要围绕党委和政府的工作计划和工作重点进行安排,这是纳入下级工作计划的常规方式;另一种是各部门抽调人员或者整个部门一起行动,完成来自上级的临时性任务或工作”。维稳的共同参与机制主要是在上级政府的压力下进行的,维稳任务按属地原则分配。但是,新型城镇化发展起来后,人员的流动加大,新市民因户籍制度原因,其管辖权仍在户籍所在地,而其生活的城镇才是他们最主要的甚至是长期的活动区域。离土不离乡的许多农民工,有的离土超过20年,除了逢年过节偶尔回乡之外,几乎与本土没有太多的联系。但是,按照属地原则,原户籍地跨区域维稳的任务十分艰巨,其成本自然而然地倍增,而收效往往甚微。

3. 政府维稳评价的多层次与维稳成效

分解任务与评价任务完成情况,这是政府行政的两个重要内容。作为政府行政之一的政府维稳也是如此,除了分解维稳任务以外,任务分解后的执行情况如何,也是政府的常规工作。对于任务完成状况好的单位及其领导人,予以奖励;反之,将予以处罚。奖励常与晋升挂钩,而惩罚往往实行“一票否决”制,即只要有一项维稳的目标未达到,将视其全年的工作绩效为零,且危及单位领导人的晋升。分解任务及评价任务的完成的主体,不仅仅是上一级行政机关,还包括党的领导机关、人大、政协、政府的所有上级机关,这些机构几乎都可以以“一票否决”制来要求地方政府及其部门做好各种各样的维稳工作。在如此多层次的评价体系下,任何一个政府部门都不敢对任何一项维稳指标掉以轻心,其所能做到的工作就是拼命增加维稳成本,保证在自己任期内不出大一点的事故。至于维稳的成效到底如何,则无从得知。有一点却是大家熟知的,那就是中国维稳成本已超出社会保障支出,也超出了中国的国防开支,维稳工作正在以高成本运行着。

二、硬实力的软:新型城镇化进程中政府维稳常规手段已失灵

新型城镇化进程中社会问题的复杂性和维稳任务的艰巨性,在维稳运作过程中的压力型体制,所有这些都在一定程度上迫使地方政府运用最得手也是最能立竿见影的硬实力方式维稳。维稳的硬实力运作机制,最初是有成效的,而随着城镇化进程的加速,社会利益的进一步分化,政府维稳硬实力的“软”呈现出来,政府常规硬实力维稳出现了失灵。

(一)政府政治硬实力支撑理论的现实之软

共产党领导下的中国政府按照马克思主义指引,建立了强有力的国家政权,这是政府维稳最强大的硬实力。在新型城镇化进程中,政府的政权力量用于维稳,常常表现为有力无处使,即使偶尔使用了,也容易陷入收益少、负面影响大且

成本巨大的困局。究其原因,主要是支撑政府政治硬实力的理论在城镇化建设中存在软肋。

中国政府的政治合法性主要由马克思主义支撑着,中国是由工人阶级领导的、工农联盟为基础的无产阶级专政的国家,从理论上讲,“由于国家是从控制阶级对立的需求中产生的,同时又是在这些阶级的冲突中产生的,所以,它照例是最强大的、在经济上占统治地位的阶级的国家,这个阶级借助于国家而在政治上也成为占统治地位的阶级,因而获得了镇压和剥削被压迫阶级的新手段”。中国,这个无产阶级专政的国家,政府代表着最广大人民群众的利益。按照阶级统治理论,最广大的工人阶级和农民阶级都是统治阶级,而被统治阶级越来越少。在被统治者越来越少的情况下,统治者的统治权就较难看得到或摸得着,因为人人都是统治者,所以无所谓统治与被统治的问题存在了。

当前,城镇化进程迅猛,在这一过程中发生的社会稳定问题其性质绝大多数是人民内部的矛盾,政府政权硬实力不便于用在人民内部矛盾上。而在“稳定压倒一切”的刚性维稳压力下,地方政府对于一些常规性的人民内部矛盾往往上纲上线,如“上访就是不稳定”“群体性事件就是不稳定”,并提出“搞掂就是稳定”。为了表面上的稳定,不惜动用专政力量、暴力工具,强行压制公众诉求。表面上表现为有硬实力,事实上的结果是效力低而成本极高。

一方面,政治合法性的支撑理论无法用来指导具体的维稳工作;另一方面,城镇化发展又是如此迅猛,问题出现得突然且复杂。在没有产生适宜的理论指导当前政府维稳工作时,常规的政权力量在面临复杂的维稳任务上,表现出了治理的失灵。对于新型城镇化进程中越来越多的社会问题,需要从理论上创新,以解决亟待解决的维稳困局。

(二)政府经济硬实力运用机制的现实之软

“人民内部矛盾用人民币解决”是政府维稳最常见的经济硬实力的表现,在社会稳定因素不常见的时期,人民币的确较容易解决人民内部矛盾,而这一运用机制运用至今,已表现出了其软弱性。在城镇化过程中,政府运用经济硬实力维稳,最主要的现实之软,表现在投入的资金倍增而成效递减。

中国摊大饼式的城镇化道路,导致了利益冲突的加剧。“政府为了满足日益增长的财政需要,非法征地和暴力拆迁,各类项目急于上马。改革以来,中国的社会结构和利益格局发生了深刻的变化,尤其是随着市场经济体制的确立和发展,不同的社会阶层和社会群体开始成为利益主体,并围绕着自己的利益诉求展开博弈。”城镇的扩张，利益主体越来越多，其利益诉求也越来越多、越来越强烈。城镇化早期，政府运用人民币来维稳，效率还是较高的。但是，随着利益主体的“学习”能力增强，维稳事件中人民币的量不断翻番，且上一次维稳的人民币的量，被利益主体“学习”后，很快被作为维稳事件的“基数”，再创“新高”才能满足利益主体的期望。

发达地区的经济硬实力还比较“硬”，支付高额维稳成本时，大多数时候还能挺得住；而中西部地区，因经济实力较弱，而利益主体经过“学习”后，在我们一再强调的社会“公平”“平等”“正义”理论的指导下，维稳也得“公平”。如“同命同价”，既然温州动车事件的赔偿标准是90多万，同命同价，任何一个中国人的“命”都得有90余万的补偿才行。理论上的“正确性”被学习后，运用于现实中，却让大多数经济硬实力不够的地方政府举步维艰。曾经有效的经济硬实力维稳，运行至今，越来越失灵了。

（三）政府社会硬实力动员能力的现实之软

剧烈的城镇化导致剧烈的社会变迁。自共产党建立以来，因党的先进性，党的社会组织能力和动员能力是无与伦比的，这就是党及其领导的政府的最为强大的社会硬实力。这种硬实力体制使党在实现路线、方针、政策等目标时，具有强大的社会动员能力。一方面，党的先进性吸引了其依赖力量——人民大众的支持；另一方面，依赖党领导建立起来的各种社会组织，如工会、共青团、妇联，以及村委会、居委会、协会、学会等，使党在动员社会力量时常常得心应手。

然而，剧烈的城镇化大大改变了党领导下的社会组织的结构与功能。城镇化之后，城乡实现了一体化，大量的农民离乡入城，归入一个个的新社区，原有的“熟人社会”分崩离析，社会群体还原为“原子化”的个体，哪怕是最有组织力的“党小组”也出现了分离现象。更为常见的是，城镇化打破了大量的“单位”，原有的政府动员的基础丧失，而新的依照社区分散的群体其组织性严重不足。

正是在这种剧烈的社会变迁中，政府社会硬实力的动员能力大打折扣。而城镇化过程中，大量的社会矛盾凸现，政府维稳的任务一波接一波，原先有些社会矛盾的化解可以交给党领导下的社会组织，但社会变迁后，有力量分解社会矛盾的社会组织还没有建立起来。这就导致了政府必须面对所有的社会矛盾，失去了中间的缓冲层，最终导致所有问题的矛头直指政府。城镇化之后，政府社会硬实力的动员能力遭遇了现实之软。

三、软实力的硬：新型城镇化进程中政府维稳手段须全面突破

在新型城镇化进程中，政府维稳硬实力及其手段运用失灵的时候，在全球范围内对政府软实力的研究及其运用却取得了令人瞩目的成就。政府运用软实力来维稳，具有很大的优势。从某种程度上说，运用政府软实力维稳，投入少而收益高，软实力运用得当可以在很大程度上显示其“硬”的一方面。

（一）政府运用文化软实力维稳之硬

新型城镇化进程中，中国社会的力量日益强大起来，国强民富的目标也在实现，民族复兴也在这一轮以城镇化建设为重点的社会主义建设事业中初现端倪。取得的成就如此之大，其原因很多，其中一条重要的原因便是中华民族有伟大的从未间断过的文化。“在近代以前时期的所有文明中，没有一个国家的文明比中国文明更发达、更先进。它有众多的人口（在15世纪有1亿～1.3亿人口，而欧洲当时只有5000万～5500万人口），灿烂的文化，特别肥沃的土壤以及从11世纪起就由一个杰出的运河系统连接起来的、有灌溉之利的平原，并且有受到儒家良好教育的官吏治理的、统一的、等级制的行政机构，这些使中国富于经验，具有一种凝聚力，使外国来访者羡慕不已。”中华民族的文化软实力是凝聚民心的重要力量，国家利益、长久利益是唤醒公众的强大文化力量，深浸中华文化的中国国民，是创造出改革开放惊世成绩的主体。中国政府所拥有的文化软实力，为社会主义建设奠定了坚实的“硬”基础。

几千年来延续的传统文化及其与马克思主义、中国特色社会主义文化的融合，使中国各级政府已具备了一套行之有效的软实力，只不过文化软实力的作用是柔性的，在短时间内难以显现，而政府官员任期短暂而维稳任务却是急迫的，这才导致政府在维稳中很少使用文化软实力。事实上党内早就认识到文化软实力的硬：“当今时代，文化越来越成为民族凝聚力和创造力的重要源泉，越来越成为综合国力竞争的重要因素。”新型城镇化所取得的经济发展成就得益于我们的文化，解决城镇化进程中的社会问题，其实也可以从政府文化软实力中去寻找到答案。软实力通过柔性手段，缓和地解决，其力量是硬的，其过程是缓和的。

其实文化软实力不仅掌握在政府手中，也掌握在公民手中。“软实力手段并不完全控制在政府手中。尽管政府支配着政策，但文化和价值观植根于公民中。与经济权力或军事权力相比，软实力的运用似乎风险更小，但它往往难以运用、容易丧失且恢复成本高昂。”城镇化建设不仅是政府的事，也是公众的事，城镇化进

程中出现的不稳定也应该依赖公众协助解决。“维护社会稳定的仅仅依靠政府的力量是不够的，国家需要在一个和平稳定的环境中发展，群众需要在一个和平稳定的环境中生活。维持稳定是政府和群众的共同的责任。”将社会力量也纳入政府文化软实力的运用之中，将体现为强硬的有效力量，且其投入少，成效高。

（二）政府运用政治理念软实力维稳之硬

自古以来，中国政治理念上的先进是中国强大的原因之一。政治理念上首要的价值观软实力是国家统一、共同富强。大一统的局面是中国能长期保持强大和繁荣的根本原因。泱泱大国，物宝天华，人才辈出，经济繁荣，民族昌盛；唐之长安，宋之汴梁，元之大都，均为世界大都会，吸引全球眼光，万国来朝。中国共产党领导下的政府，其政治价值观是非常坚定与明确的，那就是以马克思主义为指导思想，坚持走社会主义道路。以爱国主义为核心的民族精神和以改革开放为核心的时代精神，是中华民族共有精神家园的内核。这些内核看起来空泛，实则是政府政治理念软实力的强大之处。社会问题是在国家走向强盛的过程中凸现出来的，城镇化进程越科学，走向强大和繁荣的路子越宽，政府解决社会问题的能力也越强。解决城镇化进程带来的稳定问题，最终还得靠政府先进的政治理念。始终为民，以人为本，在解决社会问题上体现出力量的强大和坚实。

正如约瑟夫·奈所说：“当一国政府关注的是促进民主、人权和自由等结构环境目标或一般价值目标时，软实力常常比硬实力更有效。21 世纪是权力向非国家行为体扩散的全球信息时代，软实力将成为巧实力战略中日益重要的一部分。”中国实现国家崛起，中国走向城镇化，这已经是不可阻挡的大趋势。这不是一个人口数量的简单增加，而是一个与西方国家不同质的国家的崛起，是一个五千年文明与现代国家重叠的“文明型国家”的崛起，是一种全新的发展模式的崛起。我们的政治理念的文明程度已然很高，我们的政治理念有充分的强硬实力来解决我们面临的社会问题。

（三）政府运用政策软实力维稳之硬

政府政策软实力用于对外关系是取得硬效果的有效途径。唐朝李靖对李世民的一句话就能高度概括古中国对外政策的定位：“天之生人，本无蕃汉之别。然地远荒漠，必以射猎而生，由此常习战斗。若我恩信抚之，衣食周之，则皆汉人矣。”(《唐太宗李卫公问对》)唐朝政策软实力运用之后的成效是远方之人归之：周边人才归化中华，被视为汉人，为我所用，国家强盛。

在新型城镇化建设中，屡屡出现外来人口无意识地参与群体性事件，并将城镇化建设中的问题复杂化。外来人口往往被视为“不稳定”因素而成为维稳的重点关注对象。以这种简单的思维方式对待外来人口，不仅维稳成本高，而且还被外来人口仇视，因为外来人口在其中体会到了明显的不公平、不公正的社会地位。我们秉持的理念是人生而平等，广大人民群众都是国家的主人，若政府言行不一致，将导致外来人口认为其权利被剥夺。在这种前提下，已经城镇化的地方政府期望外来人口以“家”来对待城镇，这一愿望将难以实现。地方政府在缺乏全体社会成员配合的状态下，维稳成本必然高。

其实，政府有非常充裕的政策软实力可以运用，正如唐王朝能归化周边地区的人才一样，外来人口是城镇化发展的重要推动力。运用得当，他们可成为城镇化建设的主力军（事实已证明这一点）。若政府不能实现公正、平等，外来人口的离心力必然加大，城镇化将不被其认同。若缺少认同，城镇的不稳定因素自然增多，维稳难度随之增加。因此，对待外来人口的这种双重性，需要地方政府充分运用政策软实力，归化外来人口，将其当作家人，赋予其平等的社会待遇。若如此运用软实力，人之和谐，城镇之强盛，指日可待。这就是政策软实力的强大之处，即政策软实力运用得当就可成为柔性的强硬力量。

四、破解困局：新型城镇化进程中政府以软实力维稳的机制

新型城镇化进程中开启了一条中华民族进一步强盛的新路，改革开放以来三十余年，中国惊世成就能否再续，城镇化是关键。因此，在城镇化进程中，政府需要积极稳妥地解决维稳困局，需要创造性地运用政府软实力。

（一）新型城镇化过程中政府以文化软实力破解维稳困局的机制

自秦统一中国以来中华民族创造出了共同的文化，它“产生了一种很强烈的感情：中国的定义就是共同的书面语、经典著作、官僚机制的传统、共同的历史、全国范围的教育制度、在政治社会的层次主宰精英的价值观。即使在国家消失时，这种统一文化的意识仍然炽烈”。古中国创造出的共同文化是中国历史上多次强盛的基础。新型城镇化进程中，社会进入转型期，社会矛盾的凸现与共同文化的部分解体和分化有关联，共产党人在长期革命中建设起来的共产主义精神和社会主义文化体系受到了市场经济的强烈冲击，市场经济重视利益的调整作用是推动经济发展的强大动力，但利益之争往往超出了共产主义精神和社会主义文化体系所能调整的范畴。在社会主义市场经济建设过程中，我们还没有形成得到社会广泛认同的共同文化。社会主体在利益冲突下，大多数主体把矛头指向政府，

当前一些地方政府承担了超越其能力范围的社会功能，最终政府又以大量增加成本的方式将其责任转嫁给社会。如果说，仅仅是成本的转嫁，还情有可原，但是成本倍增并转嫁之后，更多的不稳定因素出现，倍增的成本同样成了“不稳定”因素，因为利益主体在争利过程中，对利益的追求是无止境的，相互“学习”机制决定了“人民内部矛盾通过人民币解决”道路是行不通的。

政府文化软实力的建设和运用到了必需之时。“缺少文化高度的软实力是短视的，缺少文化教育深度的软实力是肤浅的，缺少文化包容的软实力是狭隘的，缺少文化创新的软实力则必然是僵化和萎缩。从根本上说，软实力之所以关乎民族兴衰、国家强弱、人民贫富，主要是其中的文化软实力因素决定。”从古至今，政府习惯了强势国家的硬实力所带来的便利和成就，“从建造阻挡游牧入侵者的长城，到兴建21世纪的大型水电工程。……强大的国家从来不受法制的约束，也就无法遏制其统治者的异想天开。它可睹的成就，都以普通中国人的生命和生活作为代价，而老百姓基本上无力（过去和现在）来抵制国家的征召。”强势国家硬实力的运用，在市场经济条件下，遭遇利益主体的阻击，旧的行政文化必须创新，政府文化软实力必须以新型城镇化建设的社会转型背景来创新与发展。

“经济对思想、文化、制度等软实力资源具有依赖性，或者说思想、文化、制度等软实力资源是硬实力发展的前提，已经被近年来社会科学研究的成果所证明。”市场经济发展必然引发城镇化，而城镇化进程中的社会问题主要是经济活动、利益博弈的问题，政府在市场经济运转过程中处理社会问题时，要依据市场运转规则建立新的政府文化，不可代行市场功能。政府自认为有能力解决市场运转冲突，是导致政府维稳困局的重要原因，脱困需要政府文化的创新。社会和谐与稳定，并非一定需要政府冲在最前头、奋不顾身地担起全部社会责任。该法治解决的，依法治；该市场解决的，依市场；该社会解决的，靠社会。政府一次职能突破，将次次突破，强势政府撑不起维稳重责，维稳压力体制更将导致政府举步维艰。“稳定压倒一切”的思维模式制造了一个成本高昂的“稳定”幻象，有朝一日，国家可能要为此付出惨重的代价，政府以文化软实力及时化解矛盾，时不我待。

（二）新型城镇化进程中政府以政治理念软实力破解维稳困局的机制

“改变他人行为的命令依靠的是胁迫或利诱，塑造他们需求的感召力则要依靠自身价值观的吸引力，或者制定共同政治目标的能力。”中华人民共和国建立之初，政府腐败极为罕见，社会状况达到了“路不拾遗，夜不闭户”的程度。当时，改革人们行为的是党和政府的政治价值观的吸引力，靠的是共产党走实在的群众路线。市场经济推进了城镇化的步伐，社会大变革时期，原来的政府政治理念发生了重大变化，“以经济建设为中心”目标取代了“以阶级斗争为纲”，政治信念出现短暂真空，马克思主义为指导的意识形态在很短时间内影响力收缩，社会风气变化，经济领域尔虞我诈的现象比比皆是。

压力型维稳最容易导致无原则维稳，只要眼前能“搞掂”就可以不计成本。个别政府领导“不出事就是本事”的心态，与城镇化进程中社会问题复杂性及维稳的艰巨性不相容。越是怕出事，博弈的利益主体就会“不把事搞大，就没有本事”，“大搞才能大解决，小搞只会小解决，不搞就会不解决”。“任何成功的意识形态都必须克服‘搭便车’问题，其基本目标是为不按简单的、享乐的、个人对成本收益计算来行动的团体注入活力。”何以阻止个体行为者私利的极度膨胀？政府以妥协退缩无原则地“满足”自利者的个体利益，忽视社会整体利益，维稳困局只会越稳越深。

“中国是创造现代国家的第一个世界文明。但这个国家的不受法制限制，也不受负责制的限制，中国制度中唯一的责任只有道德上的。”重视政府道德上的责任，本身并不错，但是仅重视道德责任并以之指导维稳则远远不够。破解困局的政治理念软实力机制在于，政府破除压力体制，这种维稳模式的成本过于巨大，已经发展到难以为继的地步，将来可能会发生地方层面的更多动荡。要维稳，但不能无原则、无法制地维稳，维稳也要讲政治、讲法治。“该硬的时候硬”，以及将“该硬的时候硬”制度化，这是政府政治理念软实力的重要内容，也是必须进行建设的政治理念软实力。

（三）新型城镇化进程中政府以政策软实力破解维稳困局的机制

政党执政后，在社会利益的争夺中容易被公众作为矛盾对立面，城镇化过程中的社会矛盾复杂，公众仅把压力指向政府，这情有可原，但如果政府不采取相应政策机制去化解，则问题将进一步累积，直至爆发更大的危机。

政府构建市场方式是消解维稳困局的重要手段之一。“构建市场比实施制裁和提供援助更重要。在拒绝给予供应商经济权力时，促进开放市场结构并使供应来源多样化的政策，通常比凭借所有权锁定供应的重商主义政策更有效。经济实力将是巧实力政策工具中最为重要的一种，但政策答案往往将取决于不同市场的情境及脆弱的不对称。”

政府构建和谐社会，也是消解维稳困局的重要手段之一。将进城务工弱势群体纳入城镇化之中，以宽容的政策力量实现社会的公平与正义，这将是长效维稳的重要手段。而对城镇化过程中为一己之私利而对抗公共利益的行为，政府不能采取宽容乃至妥协的政策手段，对自利者的宽容，就是对守法者的残酷。政策的导向作用，将导致更多的人为自利而对抗公利。长此以往，将导致高成本维稳压崩社会。

政府借鉴西方城市化经验，同样对消解维稳困局有重要作用。“一个拥有众多中产阶级的强大中国能促使世界变得更加稳定和繁荣……我们会认识到中国的崛起并非是以削弱西方为代价的。相反，中国的发展会增强西方的力量，以达到平衡——正如西方的强大能增强中国的力量同时达到平衡一样。如果中国和西方能相互学习，相互信任，并能在重要的国际问题上相互合作，世界将会更加美好。”中国政府已经做到了学习西方政府的优点，并将其变成自己软实力的一个组成部分。农村人口向城市转移是全世界城市化的普遍规律，大量人口向城镇迁徙，既存在危机，也存在机遇。今天的全球化、信息化对沿海地区的城镇化影响很大，西方国家的城市化建设理论，对中国政府维稳的政策建设有借鉴意义，如人本的城市，生态的城市，宜居的城市，可持续的城市，低碳的城市……政府以政策助城市生活更美好，这是长效维稳的最可靠的政府软实力。

（作者为苏州大学中国特色城镇化研究中心副主任、苏州大学政治与公共管理学院教授）

论环境话语权力的运行机理及场域

沈承诚

【摘要】 环境话语权力主导着环境公共事务的走向，进而决定相关利益的分配结果。环境群体性行动中的相关利益主体均希望掌握环境话语权力，确保在环境公共事务决策与执政中形成利己的方案。环境话语权力运行的三种不同视角提供了利益主体掌握环境话语权力的基本路径。大众传媒则是利益主体争夺话语权力的基本场域。在动态交互式的博弈型政治生态中，不同利益主体间的话语权博弈将持续上演。

【关键词】 环境群体性行动　环境话语权力　大众传媒

【基金项目】 国家社会科学基金青年项目“经济性特区治理体制变革与地方政府核心行动者研究”(11CZZ038)的阶段成果。教育部人文社会科学重点研究基地苏州大学中国特色城镇化研究中心资助课题。

一、问题的立论及提出

面对生存环境整体性衰退的现实，社会公众与日俱增的环境维权诉求如无法得到有效回应，必然演化为以生存环境为主要标的的环境群体性行动。之所以称之为环境群体性“行动”而非“事件”，在于公众维权标的具有显而易见的正当性，且并不具备政治对抗意味。然而，目前多数地方政府及部分学者形成了对环境群体性事件破坏性的“负面”认知，这种认知违背了环境群体性事件衍生的内在机理，也脱离了环境群体性事件的外在表征。环境群体性行动强调一定群体参与的，以和平请愿方式表达环境维权诉求的集体行动。这种概念认知上的转换有助于我们重新审视并修正环境群体性“事件”的“先天负面”性质。

在整个二十世纪六七十年代，社会学关于社会整合或社会秩序的理论争论主要有两种形态：一种是共识论，即认为社会是通过其成员在共享规范上的一致而维系起来的；另一种是冲突论，即认为社会可能会因难以消除歧见而分裂，要消除分裂的可能，就不得不通过强制力来维系。事实上，在维持社会秩序的过程中，无论是共识论者还是冲突论者都强调借助“话语流通”形成权力的“合法性”解释，进而掌握权力，这实质上是权力的“生产”过程。简言之，权力再生产的策略就是在不同权力场域中争夺社会资本的话语实践。谁掌握了话语，谁就掌握了建构事物间“意义”的权力。福柯的话语理论认为，政治权力和文化权力正是通过其权力的知识型构——主流话语，来实施精神统治的。这种精神统治往往通过选择性支持与反对某种话语表达来实现——“褒扬某一陈述形式而相应地贬抑其他；授予某些人提供知识断言特权的制度许可，而相应地剥夺他人”。斯皮瓦克认为：“能发出自己的声音，表明其拥有自己的世界和自我的历史意识，反之，则表明世界和意识对其的外部化。无言状态和失语状态说明言说者的缺席或被另一种力量强行置于‘盲点’之中。”譬如，当政府及社会都在倡导经济发展的主导价值时，即使有些政府官员、环境学家或环保团体先见性地倡导要关注环境污染问题，这种发声也将因为与主流话语不合，而在事实上被置于“失语”状态。

从生态政治学内含的环境话语形态看，主要存在生存极限主义环境话语、生态理性主义环境话语、生态现代主义环境话语和绿色激进主义环境话语这四种环境话语，它们交互塑造着政府、企业和公民对环境问题的认知，进而影响着环境公共事务的决策与走向。生存极限主义环境话语认为生态系统有着明显的承载极限，应依靠中央集体体制、生态官僚及公民行动，避免生态系统走向崩溃。生态理性主义环境话语认识到工业主义扩张与生态环境恶化之间的必然关系，但它认为可通过政治、行政与市场手段加以化解，且这种化解方式不是“革命式”的，而是“改良式”的。根据化解手段差异，生态理性主义环境话语又可分为民主实用主义环境话语、行政理性环境话语和经济理性环境话语。生态现代主义环境话语将生态保护、经济增长、社会公平和代际平等连接起来。很显然，生态现代主义环境话语刻意淡化了经济发展与环境保护之间的对立关系，并将协调与互补因子注入这种对立关系之中，从而呈现出一种象征现代性，追求和谐的话语体系。绿色激进主义环境话语是一个多元参与主体的话语集，但有一个基本共同点，即在维持资本主义政治框架下，寻求某种激进性的变革路径。事实上，任何一种环境话语都在竭力创造一种内含话语诉求的想象与规范，竭力表明自身话语的“正当性”，以期实现人们以“这种”而非“那种”方式来认识世界与改造世界。这实质上就是环境话语权力的生产过程。

二、环境话语权力的运行机理:找寻掌握环境话语权力的路径

由于环境话语权力实质上决定政治权力的分配及环境公共事务的走向,进而决定经济利益的分配,因此不同利益主体间的话语权力争夺必然会变得激烈起来。环境话语权力的争夺结果既决定微观环境群体性行动的结果,又决定未来环境公共事务治理的政策走向。这里根据马尔科姆·沃特斯提出的三种权力力学视角,来解读环境话语权力的运作机理:批评结构主义强调从意识形态路径演绎话语权力;建构主义强调从政治选举中掌握话语权力;基于知识、关系与话语的"微观力学"倡导从知识与关系的建构中生成话语权力。

(一)批评结构主义视角下的环境话语权力运行

马克思的批评结构主义权力观认为,权力的运作机制基本上都是围绕"资源"展开的。在社会异质性利益结构下,不同利益诉求(包括偏好)之间必然形成不同的但均以利己为原则的"资源"分配图式,掌握权力就等于掌握了资源分配的"权威"性力量。不同利益主体之间存在权力占有上的"差异",这些差异表现在决策、利益、阶级、冲突、沟通等组织关系和社会关系之中。由此,批评结构主义权力观主张权力不应该完全集中于国家手中,而应该散布于整个社会的一切利益关系之中。这种观点无论是从马克思主义关于阶级、所有权与意识形态之间的辩证关系,蒂文·卢克斯关于决策、利益与意识形态之间的辩证关系,还是从哈贝马斯关于冲突、沟通与意识形态之间的辩证关系分析中,均可探知一二。

从上述资源力学视角探讨不同环境话语的运作过程,可以发现这些观点均是从对作为主流意识形态的工业主义话语(给安全、财富、自由、进步、平等、正义等核心概念做出了"权威"性解释)的讨论中,建构自身合法性的。这些观点名义上宣称要摆脱主流意识形态(工业主义话语)的束缚,但其"寻权"路径却又是在被工业主义话语所建构的合法化的话语体系中,找寻可以证明自身合法性的文化形式、叙述、修辞与隐喻,以期借助主导性意识形态,实现自身的合法性与排他性,这实质上是一种"借力打力"的过程。譬如,生态现代主义环境话语对主流意识形态强调的技术、自由及物质财富增长进行放大式渲染,以此宣扬自身的"合法性",塑造以自身话语为核心的意识形态。绿色激进主义环境话语主张的环境公平运动以种族歧视和阶级歧视为切入点,向主流意识形态中的"平等"与"自由"理念发起冲击,从而将自身话语隐喻的环境问题转化为政治价值问题。由此看来,马克思的批评结构主义视角下多元环境话语运作均将自身话语的环境议题加以伪装或

者说隐匿于探讨主流意识形态的过程之中，将环境议题转化为政治话语，进而以一种合法的话语形态进入涉及权力分配的组织关系和社会关系之中。因此，对生态危机中的受害公民而言，应努力推动执政党执政理念和社会主流意识形态的生态转向，这种转向自然会在环境公共事务方面体现公民的环境维权意图；对污染企业而言，如何将自身利益诉求有效隐匿于现行主流意识形态倡导的经济发展（GDP 增长）、就业、财税增长等话题之中，是其争夺环境话语权力、维护自身利益的基本路径。

（二）建构主义视角下的环境话语权力运行

建构主义认为权力并不是如马克思所言的，由经济所有权演化出的意识形态控制，“权力应该被看作是一种似无还有的虚拟物质（virtual substance），能够被交换、分配和积累。个人凭借其在产生权力的组织中所处的位置，可以获得大小不等的权力。至于政府、国家或政治，通常可以看作获取权力的主要组织场所”。因此，任何利益主体要掌握权力，都必须进入政府、国家或政治等场域，掌握决策权力和组织权力。

选举政治是西方政治运行的主要形态。帕森斯的“转换能力”理论对此进行了描述：“选举中的投票行为被认为类似于选择把钱存在哪家银行。每个选民都被认为拥有少量权力，它们在选期被让渡给政治领导人，接着，在举行下次选举时，再传递回来……一旦每个选民交出其权力，也就使政治领导人获取权力，把种种不利，包括种种带有强制色彩的不利，强加给那些不听从政治指挥的人。”与此类似，“环境”能够以类似货币的方式被集中、积累和投资。当环境问题越来越成为一个危及公共健康和公共安全的生态议题时，各个政治候选人都试图借助在环境议题上的发力来赢得更多的政治选票，进而掌握政治权力。譬如，生态现代主义环境话语倡导的“可持续性”、生态极限主义环境话语倡导的“环境承载极限”、生态理性主义环境话语强调的“环境民主”，均是不同政党及政治候选人政治选举过程中影响公众手中的“选票”的工具，不同政党及政治候选人通过它们实现对公共舆论的引导、集中、积累和投资。可以说，不同的环境话语都期望在权力的再生产中最大限度地提升从话语到权力的转化。而在这一转化过程中，获取“选票”是至关重要的环节。因此，对生态危机中的受害公民而言，通过选票来规塑政治人物及政府官员的行为是其维护自身利益的关键环节之一；对污染企业而言，在选举政治中，推动与其关系密切的政治人物及政府官员“上台”是其找寻利益代言人、掌握争夺环境话语权力的基本途径。

（三）知识、关系与话语视角下的环境话语权力运行

不同话语均借助自身特定知识体系的表征，建构超越传统认知的符号网络和陈述系统，这其中包括了知识、意义、符号、修辞及隐喻。正是符号网络和陈述系统使得隐藏于环境话语诉求的知识与文化得到生产、复制，再生产与再复制，从而建构了知识，产生对社会现实的解释与批判，以及对社会规则合法性的解释与重构。这实质上是原本只有权力运作才能产生的结果，而话语却实现了。正如福柯所言，"'话语'并不是一种'已在'的对象物，可以被我们的言谈所讲述，而是指我们可以透过'话语'本身，来认识世界并生产意义，进而形成一种隐藏在人际间的权力网络"。后现代公共行政者也认为权力的获取离不开知识的支持，没有知识领域的相关建构就没有权力及其权力运作中各种技术的使用。

同样，生存极限主义、生态理性主义、生态现代主义和绿色激进主义这四大类环境话语均各有一套特定的知识体系与学科体系，内含着一系列意义、符号、修辞及隐喻。不同的环境话语在建构知识过程中，将建构知识与掌握话语权力巧妙地结合起来，即权力被作为建构知识的副产品，将伴随知识的建构而出现在现实的权力网络中，此时，环境话语权力就客观地生产并运作起来，在接下来的政治、经济和社会政策中出现环境话语所诉求的内容将不令人感觉到惊奇。因为整个社会已经弥散着这一环境话语所倡导的知识，并接受了其话语包含的意义、符号、修辞及隐喻。正如福柯所言："权力和知识是直接相互连带的；不相应地建构一种知识领域就不可能有权力关系，不同时预设和建构权力关系就不会有任何知识。"因此，基于多学科理论基础上的环境话语从建构知识开始到生成一系列意义、符号、修辞及隐喻，逐步掌握了知识与逻辑的合法性，进而掌握了建构环境意义的权力，获取了社会的认同，最终建构与之相适的政治、经济和社会制度。不能实现上述过程的环境话语将因不符合相关知识"标准"，而被排斥在主流话语之外，逐步边缘化。因此，对生态危机中的受害公民而言，应该利用内含一系列意义、符号、修辞及隐喻的知识体系与学科体系来证明自身环境维权标的及行为的正当性，争夺环境话语权力；对污染企业而言，同样需要利用内含一系列意义、符号、修辞及隐喻的知识体系与学科体系来美化和掩饰其环境不友好行为。

三、环境话语权力的博弈场域：利益主体争夺话语权的战场

从本质上讲，话语权的争夺战最终会在公共领域中进行，不同环境话语权力的运作必然表现为在公共领域中与工业主义话语之间进行话语博弈。从人格化

视角看,这种话语博弈实质就是环境话语支持者(公民、社群、绿党及环保 NGO 等)与工业主义话语支持者(资本家、污染企业和地方政府等)之间的环境公共事务主导权之争。由于工业主义话语已经完全掌握了经济权力网络,环境话语只能从其他权力网络与经济权力网络之间的"裂隙"中,找寻自身的话语空间,进而掌握权力,这必将催生一个新兴的权力网络,改变工业主义话语独占经济权力的现实。

从现实情况看,信息化时代的大众传媒将日益成为上文所述权力网络演化和生成的载体,从而成为公共领域中不同利益主体之间和不同环境话语之间的话语博弈战场。既然是话语"博弈"的战场,就表明现在已经没有哪一种力量可以使所有大众媒体对新闻热点事件保持集体式的"沉默"或者由某一家媒体进行主导性的叙述。刘能通过对中西方集体行动不同的制度背景进行对比,指出新闻媒体报道的有限是中国体制结构中限制政治参与的三大因素之一。另外,面对公众对获知新闻事件真相的需求,大众传媒体也不是简单地复述新闻事实,而是在不同新闻视野下积极地建构"事实",从而影响事件的最终走向。在对多个环境群体性行动案例的梳理中,可以发现不同大众传媒存在一定程度上的竞合关系,这也反映了不同大众传媒间在价值取向上的差异与融合。可将环境群体性行动中的大众传媒分为两大类:体制内媒体与体制外媒体。传统体制内媒体又分为属地内体制内媒体与属地外体制内媒体;体制外媒体主要是基于互联网技术的现代虚拟媒体。

(一) 体制内媒体:媒体正义与可控商业化

20 世纪 90 年代以来,中国媒体的商业化趋势明显加速,集中表现在报业集团的出现,即以一份党报为内核,外围是多个更加商业化的子报或子刊。但上述商业化趋势并未触动其"体制内"的基本性质,媒体依然处于管制之下。因此,这种商业化更大程度上是一种工具意义上的"可控"商业化,主要目的在于弥补财政补贴的不足。但体制内媒体工具意义上的"可控"商业化亦有可能出现"工具理性"过度张扬的现象,即体制内媒体日益商业化,丧失媒体应有的道德底线。以环境议题为例,汉尼根在分析媒体与环境传播之间的关系时指出,"媒体,尤其是商业出版界越来越采取一种环境就是商机的话语。在此,关键的信息是环境灾难竟可以通过人类的创造力和产业化而变成利润。大部分这类报道都是产品导向的。对各种'绿色'产品大加宣扬,从节能房屋到巴西热带雨林土著民所收获的坚果等等"。在上述叙事逻辑中,媒体用环境话语隐匿其真正追求的商业话语,而企业也不必与生态环境保护相悖,创造出一种“环保企业”的“公关想象”。最终,企业与生态保护之间的关系似乎正在相互加强,而且这种乐观主义的环境看法在“那些有关‘可持续发展’希望与前景的大量故事迅速膨胀的过程中被放大了”。

在对多个环境群体性行动的梳理中可以发现,虽同为体制内媒体,属地内的体制内媒体在环境群体性行动爆发前,对相关生态环境问题大多采取漠然视之的态度,“不报道”成为其基本的行为选择。即使在环境群体性行动爆发后,也采取“淡化处理”的方式,松懈人们的警觉与疑惑,完全不加辨别地接受相关企业及政府部门提供的“虚假”材料,转移大家的视线,甚至会将“破坏正常商业活动”的标签加注于环境群体性行动的参与者身上。这种现象在西方也比较普遍,基于西方环境传播的实践,汉尼根认为:“虽然作为‘冲突包’的环境时常牵涉环境主义者与其对手之间更加广泛的冲突,但是记者们更可能用他们惯用的描写工业关系纠纷的方式来描绘这些冲突。也就是说,抗议者因破坏正常的商业活动而受到暗中指责。他们行动的理论基础被极度压缩,冲突的背景也不被重视。环境抗议行动的领导者常常被戏称为武装好斗准备生态破坏演示的‘嬉皮士’和暴力的‘生态防卫者’。”

从 2007 年 11 月 1 日起正式施行的《突发事件应对法》,明确删除了原稿中关于新闻媒体不得“违规擅自发布”突发事件信息和突发事件所在地政府“对新闻媒体的相关报道进行管理”的规定,这意味着一个地方一旦出现了像生态危机及环境群体性行动这样的事件,地方政府就不应运用行政权力“管控”或者说“协调”媒体的采访报道,妨碍媒体行使舆论监督的权利。相比而言,由于缺乏直接的利益关联,属地外的体制内媒体相应能发挥一定的监督功能,但这一监督功能究竟能在多大程度上规塑属地政府与污染企业的行为,值得关注。在关于中国癌症村的报道中,可以发现诸多属地外体制内媒体的身影。

媒体报道中国癌症村一览表

序号	癌症村地理名称	媒体报道
1	江苏省盐城市阜宁县古河镇洋桥村	《江南时报》2004 年报道
2	江苏省盐城市阜宁县杨集镇东进村	《中国经营报》2008 年报道
3	江苏省盐城市盐都区龙冈镇新岗村	《中国青年报》2009 年报道
4	江苏省无锡市广益镇广丰村	《中国消费者报》2003 年报道
5	江苏省镇江市丹徒区高桥镇高桥村、黄墟镇土门村等	《中国环境报》2004 年报道

续表

序号	癌症村地理名称	媒体报道
6	江西省南昌市新建县望城镇璜溪垦殖场	《江南都市报》2004 年报道
7	江西省上饶市玉山县岩瑞镇关山桥村	《人民日报》2006 年报道
8	江西省上饶市余干县新生乡柏叶房村	《人民日报》2004 年报道
9	四川省简阳市简城镇民旺村	《民主与法制》2004 年报道
10	四川省德阳什邡市双盛镇亭江村	《中国经济时报》2008 年报道
11	河南省沈丘县周营乡黄孟营村等 21 个村庄	《西安晚报》2004 年报道
12	河南省浚县北老观嘴村	《南方周末》2002 年报道
13	河南省长垣县常村镇前孙东村	《广州日报》2007 年报道
14	广东省韶关翁源县新江镇上坝村等 5 个村庄	《法制日报》2001 年报道
15	湖北省襄樊市朱集镇翟湾村	《长江商报》2006 年报道
16	河北省涉县固新村等至少 6、7 个村庄	《新民晚报》2004 年报道
17	河北省磁河两岸诸多村庄西南留村等 8 个村庄	《法律与生活》2007 年报道
18	河北省唐山市迁西县吴庄村	《科学新闻》2009 年报道
19	安徽省淮北市杜集区石台镇刘庄村	《人民网》2001 年报道
20	湖南省邵阳市隆回县滩头镇金湖村	长沙政法频道 2006 年报道
21	浙江省杭州市萧山区南阳镇坞里村、赭山街村	《每日商报》2004 年报道
22	内蒙古自治区包头市九原区哈业脑包乡打拉亥村	《新民周刊》2006 年报道
23	天津市西堤头镇西堤头村和刘快庄村	《中国质量万里行》2009 年报道

当然，在属地外体制内媒体的报道中，亦存在报道不实的现象，如用一些格式化和轰动性的话语及图片，刻意塑造与渲染，给环境群体性行动治理带来消极后果。我国对于突发事件与媒体报道的相关政策法规大致经历了从“不公开”到“公开”、从不注重时效到注重时效的过程。改革开放以前，在相关突发事件的报道中，难以寻觅媒体的身影。以“非典”爆发为起点，“公开”与“时效”成为政府与媒体遵循的重要原则。事实上，“西方新闻学有一种比喻，称传媒为‘社会排气阀’，即不同阶层、不同集团、不同人群，可以借助传媒表达自己的看法，提出自己的主张，同时又在这种表达与叙述的过程中，让这些阶层、集团和人群发发牢骚，吐吐怨气，不使社会情绪和愤懑累积得太多太满，久久得不到释放，最后来个总爆发，酿成社会动乱。传媒的这种情感宣泄功能，就是‘社会排气阀’作用”。媒体的上述作用要想得到发挥就必须达到如下要求：及时快速、有声有影、有理有节、主动

掌控。

总之,伴随民主政治的发展,以现代信息技术为基础的大众传媒逐步成为公民进行利益表达的重要手段。当然,基于受众结构与技术特点的差异,以及与政府的密切关系,大众传媒聚集的社会问题往往能迅速折射于政府政策与行为上,成为其利益表达的高速通道。当然,大众传媒与政府的密切关系,以及市场机制下的生存竞争现实,使大众传媒有时偏离代表"大众"的本质,成为地方政府与强势群体的"喉舌",从而无法全面、深入地对弱势群体的利益诉求进行关注。

(二)体制外媒体:"广场狂欢式"的公共平台

2007年3月至6月厦门PX项目危机事件中,体制外媒体,特别是以手机短信、聊天室、论坛(BBS)、新闻跟帖、博客(Blog)、维客(Wiki)等为载体的网络媒体成为民众表达利益诉求的主要载体。同年5月下旬开始,厦门百万民众传阅着一条短信,内容是:"翔鹭集团已在海沧区动工投资(苯)项目,这种剧毒化工品一旦生产,厦门全岛意味着放了一颗原子弹,厦门人民以后的生活将在白血病、畸形儿频出中度过。我们要生活、我们要健康!国际组织规定这类项目要在距离城市100千米以外开发,我们厦门距此项目才16千米啊!为了我们的子孙后代行动吧!参加万人游行,时间6月1日上午8点起由所在地向市政府进发!手绑黄色丝带!见短信群发给厦门所有朋友!"在百万短信造成舆论态势后,厦门本地媒体仍然纷纷保持沉默。在无法从体制内媒体获取正式信息来源时,市民纷纷通过BBS、博客甚至MSN、QQ等体制外渠道获取信息,并发表相关评论。在厦门著名的网络社区小鱼社区、厦门大学的公共BBS上,关乎PX项目及以"保卫厦门""还我蓝天"主题的帖子,总会吸引数以万计的点击率。在虚拟时空中,"每个人首先都被数字化为一个个漂浮的能指,简化为一个个语符的形式,典型的如ID(身份的语符),然后各自凭借着语符所负载的所指,进行着文本语言的生产,进行着彼此之间的互动"。这种互动在现实层面践行了哈贝马斯所谓的"公共领域"的形态与功能。"公共领域"对公民政治意识与政治心理的影响主要体现在政治社会化的过程之中。

相比体制内媒体,体制外媒体掣肘因素较少,更具"草根"性质,能更为朴实地反映利益主体的诉求。但网络议题设置与利益诉求主体间的供需矛盾,使虚拟媒体往往为吸引"眼球"而夸大利益表达内容,并采用乖张的利益表达方式。美国心理学家戴维·梅尔斯和乔治·白绍波在《互联网心理学》一书中,揭示了志趣相投者聚集在一起讨论问题时,会出现"向边缘移动"的现象:当团体中出现相对极端的信息时，原本持有中立观点的成员将在讨论后从中间地段向边缘移动；而当团体成员大致形成一致观点时，某一成员明确表明不同观点的行为将是危险的，容易被"边缘化"。莫斯科维奇的《群氓的时代》、勒庞的《乌合之众》也认为群体行为存在非理性特征，即在缺乏有效引导的条件下，容易陷入一种无意识的混沌状态当中，"有意识人格的消失，无意识人格的得势，思想和感情因暗示和相互传染作用而转向一个共同的方向"。有关网络信息的失真，甚至是离奇，正是这种群体非理性行为在网络上的演绎。当然，上述现象还反映了转型社会所弥散的集体性焦虑。网络论坛提供的是一种类似于广场狂欢式的公共平台广场，成为人们找寻身份符号的工具。但由于网络是一个虚拟的、开放的、广泛参与和平等自由的空间，"在广场上流行的脏话、口号式语言在网络上也同样被发扬光大。如同亢奋、发泄是广场狂欢节的基本情绪一样，理性也从来不是网络论坛的通行证"。

因此，要提升体制内媒体利益表达的功能，就必须强化其自身的"独立性"。而健康网络文化的培育与网民素质的提升是体制外媒体强化利益表达功能的主要路径。无论是体制内媒体，还是体制外多种形态的网络媒体，都应发挥"第四权力"的功能，成为推动政治改革和监督政府行为的重要力量。哈贝马斯认为要阻止行政权力或社会权力对交往权利的侵害，就必须促成媒体的"中立化"或者说"独立性"。这种"中立化"或者说"独立性"是传媒发挥公共舆论监督功能的前提。这种监督塑造了政治领导人及政府官员的行为，即"对公众所觉察的问题或在公众同意下已经被提上公共议程的问题，做出令别人信服的贡献"。

四、结语

伴随公民社会的发育，"你死我活"的抗争型政治逐步会走向"动态交互式"的博弈型政治。博弈策略的选择将直接影响利益主体的博弈收益。在现行政治、经济和社会场域中，环境群体性行动中各利益主体均在努力提升博弈的力量，优化博弈的策略。但环境群体性行动中主体间的博弈从本质上讲是环境话语博弈。任何一种环境话语都在竭力创造一种内含话语诉求的想象与规范，以期实现人们以"这种"而非"那种"方式来认识世界与改造世界。这实质上就是环境话语权力的生产过程。建构主流意识形态体系、运用政治选票的型塑力量及寻求具有规引力量的知识体系与学科体系，成为相关利益主体争夺环境话语权力的基本路径。当然，信息化时代，大众传媒将成为利益主体的话语博弈战场，"造势"（制造舆论）与"趁势"（利用舆论）成为基本的行动图式。

改革开放以来，如何从依靠僵硬的权力"硬控制"转变为通过文化领导及社会舆论引导实现“软控制”，是执政党与政府一直关注的焦点，这也是相应制度变革的主要线索。这种“软控制”实质上依赖的是与文化、意识形态和制度等抽象资源相关的、决定他人偏好的“软性同化式权力”，即这种权力通过吸引力而非强制手段，让他人自愿与执政党或政府的目标趋同。与“软性同化式权力”不同，硬权力主要是指通过威胁或奖励让别人做他们不想做的事情的能力。对于“软性同化式权力”（简称“软权力”）的效用，约瑟夫·奈曾指出：“使别人或国家同意或接受我方的价值取向和制度安排，以产生我方希望的行为，软权力就成功了。”很明显，大众传媒是最为有效的“软权力”催化平台，因为现代社会的大众传媒已经成为现代人认知世界、形成价值判断、调适行为模式的主要工具。可以说，大众传媒掌握着“符号资本行使权力”，进而在一定意义上掌握着“绝对”的话语权，这将成为不同价值理念、话语体系和利益主体争夺话语权的主战场。

（作者为苏州大学中国特色城镇化研究中心研究员、苏州大学政治与公共管理学院副教授）

城镇化模式的人本化重塑：基于风险社会视域

张振波

【摘要】 以城镇化为主体战略的中国现代化极速进程带来资源要素的空间重配，虽然实现了经济的跨越式增长和城市规模的外显式扩张，但是传统性与现代性的冲突日益在政治、经济和社会多领域呈现弥散态势，集中表现为文化失范与价值冲突、权力贫困与阶层分化、进取冲动与阶层固化、管理失序与体制失场，这将使中国社会可能长期呈现为“风险社会”状态。应重塑以人为本的城镇化模式，具体包括：重塑社会建设与文化引领关系，增强城市归属感与社会认同感；构建新型城乡关系，统筹城乡一体化建设和发展；丰富产城关系内核，构建人本化互动共赢机制；重塑危机预防与应急关系，建构以人为中心的社会心理风险预警体系。

【关键词】 城镇化模式 以人为本 社会风险

一、问题的立论与提出

以城镇化为主体战略的中国现代化极速进程带来资源要素的空间重配，虽然实现了经济的跨越式增长和城市规模的外显式扩张，但是传统性与现代性的冲突日益在政治、经济和社会多领域呈现弥散态势，进而在多领域形成差异目标的公共危机，这表明中国社会已驶入“风险社会”轨道。城镇化进程带来的是系统化社会变迁与体制改革，涉及阶层结构、利益结构、城乡结构、人口组成结构、社会组织架构、人与自然关系以及社会规范和价值理念等方面的转型与重构，这个过程也总会不可避免地带来一系列的矛盾和冲突，延续社会建设的公共性逻辑，实现城镇化建设的公共性亦成为增强社会张力、扩大弹性空间，有机转移、内化和消解社会风险的必要准备。因此，实现城镇化建设中的公共性，其根本在于尊重人的核心地位并以参与为实现方式，塑造人在城镇化中的目标导向与功能地位。

市场机制的完全有效性只有在严格的假说条件下才成立，而政府干预的完美无缺同样也仅仅与“理想的政府”相联系。作为理性预期学派和公共选择学派的

“市场失灵”与“政府失灵”理据的逻辑延伸，城镇化进程中的市场引导逻辑和政府调控逻辑也相应地存在失灵现象，陷入“市场引导失灵”与“政府调控失序”的两难困境。一方面，改革开放的持续深入带来了区域经济的超常规增长，却未能形成独立、完整、健全的市场经济体制，政治逻辑持续性互构于经济逻辑，甚至支配经济逻辑的运作过程，城镇化进程中市场机制对于资源要素调动规模与流动方向的作用模糊，导致过多的资源要素盲目集聚而造成荒芜、浪费，突出表现为产生大量处于失业或待业状态的城镇化农民；同时，市场逻辑的无边界蔓延也造成了社会关系和利益结构的内生解构与自由重塑，这种缺乏约束的自由力量使资源要素更多地流向社会优势群体，无形中加大了社会阶层、群体间的力量对比，进一步拉大了社会差距，加剧了社会分化。另一方面，则是政府调控逻辑失灵下的失序困境。我国传统的城镇化模式是政府主导下的以人口城镇化和土地非农化的量化指标为主要标准、以物质资本与社会政策大量投入的粗放型驱动为发展方式、过度重视结果而严重忽视过程与后期维护的城镇化模式。忖量城镇化进程的整体方向与演进模式，政府的“调控逻辑”更多地表现为一种“主导逻辑”，政府取代市场成为调节资源要素的引导性力量，而政府本身不可避免的“内在效应”、极易滋生的“寻租”行为以及滑入锁定状态的“内卷化”效应等“失灵”现象，造成城镇化更多地表现为一种以政绩为导向的“造城运动”。同时，与政府过度干涉相对的是政府的无效干预，或在关键领域的干预不足，集中表现为城镇化后期基本公共服务投入、权利保障、生活体恤等方面的真空状态。

我国传统城镇化模式的双重逻辑失灵，以及所形成的一系列问题与困境，其根本在于对“以人为本”之肯契的偏离，而以人口城镇化为核心内容的新型城镇化模式是化解社会风险集中生成、集聚与暴发的因应之道。

二、传统城镇化模式下社会风险的生成

我国城镇化的推进具有时空交叠态、地域交叉性的典型特征，处于多重结构转型与多元利益并存的时代场景中，传统城镇化模式对于人本化核心的偏离，从根本上压缩了社会张力的弹性空间，缩短了人的心理机制，放大了社会风险的运作距离。因此，对于传统城镇化模式下社会风险的生成分析，离不开对人的社会心理运作机制的关注。社会心理是社会结构系统诸要素中最敏感的综合感应器和“温度计”，对社会生活的任何轻微波澜都会自发地、直接地、迅速地做出反应，并对社会稳定与社会发展产生重要影响。应该看到，社会风险作为人的心理运作机制的社会化投射，其必然既受制于外部客观因素，又内生于内部主观心理机制，

包括外部客观因素刺激产生主观感受和主观感受在心理机制的作用下完成对社会稳定正反两个方面的影响;映射于我国传统城镇化模式的实践机制,则具体化为文化失范与价值冲突、阶层分化与权力贫困以及进取冲动与阶层固化的整体过程。

(一)文化失范与价值冲突

一方面,社会结构对社会的有机整合,离不开文化对人之行为的形塑和固化。文化既为人的行动提供了资源和手段,同时也会成为其条件和限制,“人类社会发展规律表明……一个文化碎片化的社会难以实现对社会的整合”。城镇化农民的社会身份与生活环境的双重转换,打破了其价值体系相对稳定、静态的自运作系统,一致的心理认同感的崩解为多样价值观的渗入并存留下了空间,“价值虚空、无所适从”的状态反映出主流价值的合理性丧失,以及主导性文化模式的整体性和根本性失范,动荡与转变的“硬着陆”下极易迸溅不和谐因素并产生“涟漪效应”。另一方面,长期稳定聚居状态下,社会成员之间逐渐形成了较为固定的社会认同与社区归属,并且这种认同感和归属感不断得到强化,成为农村社会资本的最主要表现形式。然而,城镇化从根本上瓦解了这种维系社会秩序的社会资本形式,邻里异质性与人口流动性使社会呈现为“陌生人社会”形态,社会认同与社区归属的真空状态加重了个体的孤独感和离群感,价值目标与情感依托的缺失状态下增加了破坏性、敌对性等恶性心理状态滋生的可能性。

(二)权利贫困与阶层分化

各界对取消城乡二元分层结构的呼吁凸显了城乡经年非均衡发展所造成的种种问题与矛盾,而实际采取切实有效性的措施却更加成为社会风险生成与集聚的关键缘由。以户籍制度为代表的分层体系从资源配置、权利保障等各方面将农村与城市隔离为完全不同的两个自运作系统,这在整合农村资源、发展城市经济方面取得了突出成就,但在城镇化推进的深化过程中却凸显出其作为制约力量的种种弊端,例如社会地位与身份符号的错位、社会角色与权利配给的错配等。追随和顺从城镇化政策引导的城镇化农民,虽然拥有市民身份并生活在城市中,但并不享受市民的一切权利,不仅在就业的社会福利待遇方面与传统市民有相当大的差距,而且在住房、医疗、劳动保险、就业稳定性、孩子入托上学等一系列城市服务方面,都遇到更多的困境。这种阶层分化与权利贫困对社会风险的诱发机制往往借由相对剥夺感的产生而发生。相对剥夺感体现了“需要和享受的社会性质”,反映了人们通过与参照群体的比较而产生的一种自身利益被其他群体剥夺的内心感受，普遍的非均衡格局则会共生化为一种群体心理状态，并在长期积聚下转化为对社会现实普遍的不满情绪。这种情绪一旦转化为行为实施的动力，就可能成为破坏社会秩序的强大力量。有学者特别论述了当前群体性事件的一种典型表现形态，即无直接利益冲突，正是在这种相对剥夺感持续集聚的状态下的一种借机宣泄。

（三）进取冲动与阶层固化

尽管传统城镇化模式带有明显的自上而下的强制性特征与行政任务的指令性色彩，但其作为推动社会进步发展的举措，迎合了众多非城市人群的“进取冲动”：一方面是从农村进入城市的地域转移，另一方面则是由农村人变为城市人的社会身份变迁。城镇化为他们提供了这样的一个契机：他们在城市中拥有了安身立命之所而产生更多的归属感与存在感，同时这也使他们不用再像从前那样不得不舍弃家庭；他们周围有更多的同伴与支持者认可并支持他们的渴望和追求，也更有可能接触到更多的社会资源与机会；他们拥有同城市人一样的市民身份，这赋予他们表达同等利益诉求的权利。然而，阶层分化体系的经年运作已具有深厚的传统观念和惯习基础，同时也不断为既有获利群体所强化，阶层固化往往排斥甚至否定任何试图改变现状的进取冲动，从而形塑了一种抵触社会层际流动的自运作系统。在农民工阶段，“候鸟式迁移”模式给予了进城农民回避阶层固化强势力量的空间，然而城镇化进程却切断了其候鸟式的往返机会，且新生代城镇化农民有更明确的理想目标和更清晰的人生设计，对公平有更深刻的认识和更强烈的追求，因而其进取冲动与固化的阶层结构之间存在更为激烈的矛盾和冲突。

（四）管理失序与体制失场

人的心理运作机制演变为社会风险因素，包括外部客观因素刺激产生主观感受和主观感受在心理机制的作用下完成对客观社会运作系统的影响两个方面。传统城镇化发展模式对于人本化核心的偏离，从根本上导致了社会心理风险的产生；而社会心理风险作为社会运行的隐性因素，其演变为社会危机与公共事件的阻断机制的缺失与不足，则凸显出政府管理的种种问题。在城镇化的实践机制上，传统城镇化模式缺乏系统协调的整体性推进机制，既割裂了城镇化与现代化的内在关系，又扭曲了城镇化与工业化的内在关联。一方面，城镇化的主体是人的城镇化，人的城镇化的根本目标则是实现人的现代化，实现人的生活水平、生产方式与内在幸福感的综合提升。然而，传统的城镇化模式虽然实现了人的标签符号的城镇化，却未能使其真正受益于均等的城市基础设施，享有均等的公共服务；

人失去了赖以生存的土地与村舍,产生了更多的不公平感与“相对剥夺感”。标签符号的城镇化不代表社会身份的城镇化,也不代表生活方式的城镇化,更不代表思想与观念的城镇化。这就割裂了城镇化与现代化的内在关联。另一方面,割裂了城镇化与工业化的内在关联。城镇化与工业化两者理想的关系是,工业化提供推动城镇化进程的内生动力,而城镇化则以外部需求与资源供给而推动工业化的持续性发展;城镇化与工业化具有相辅相成、互相促进的协调同步关系。然而,当前我国城镇化与工业化发展存在严重的不均衡现象:工业化的发展并没有带来城镇化的快速推进,城镇化建设亦未以推动工业化的快速发展为导向;一些工业发达地区仍然只能从乡村、外地招募劳动力,而一些城镇化发达地区虽然实现了人从乡村到城镇的“迁转俱进”,却只能在集中安置小区赋闲。

另外,城镇化社区(过渡型社区)发展模式僵化、社区治理不足,则凸显出社会风险阻断机制的失场。城镇化进程促生了大批新建成社区(即过渡型社区),这是实现城镇化人口“迁转俱进”的唯一平台,也是消解社会风险因素、维护社会和谐稳定的关键区域。该类社区构成主体异质性高,存在居民政治参与缺位、社区居委会成为政府行政力量下渗通道而出现“内卷化”趋向以及社区管理人员能力水平不高、管理方式落后、管理经费短缺等问题,因而这类社区便成为风险社会的矛盾集聚高地。而在维稳实践中,由于城镇化后期维护不足,重堵轻疏的社区管理方式成为地方政府避重就轻的自利性选择,对社会空间过度挤压,从而放大社会风险的潜在因素。

三、新型城镇化模式下社会风险的消解

李克强总理指出:“我们强调的新型城镇化,是以人为核心的城镇化。”社会变迁的最终落脚点是人的变迁,社会变迁的平稳有序性取决于人的变迁的平稳有序性。因此,化解社会变迁过程中的矛盾和冲突,实现社会变迁的平稳有序性,必须基于以人为本的核心内涵,保持城镇化和人的全面发展的相互统一,系统调整传统城镇化发展战略,重塑新型城镇化过程中的人本化模式。当今时代是一个相互关联的时代,社会结构作为独立运作的统一整体,其必然要求以关系重塑与以创新为视阈的理论探讨。是故化解城镇化进程中的市场引导与政府调控逻辑的失灵困境,需要重塑以人为核心的关系体系,在多元要素关系体系的重塑与创新中增强社会张力、扩大弹性空间,建构社会风险的根本预防与有效应对的长效机制。

(一)重塑社会建设与文化引领关系,增强城市归属感与社会认同感

无论是社会有机整合的必然趋势,还是社会结构调整的内在需求,文化建设

对于社会发展将发挥越来越显著的积极作用，这不仅体现在价值选择与思维模式上，更直接影响着人们的行为选择与生活方式。投射于人的城镇化进程中，则表现为城市归属感与社会认同感两个方面。城市归属感为居民提供了一种除家庭之外的感情寄托的场所，有助于消除城镇化农民的孤独感和离群感，使其将个人价值目标与城市建设目标结合起来，从而减少城市社会管理的不确定性；而社会认同感作为社会团结与社会整合的思想和心理基础，体现了居民对于社会建设与社会治理的心理认可和价值依赖，成为保持社会稳定的整合机制。推进先进文化建设，核心是树立主流文化的主导地位，强化社会主义核心价值体系的基础性引领作用，同时不断丰富文化形式与内容，提升社会主流文化在各个阶层的凝聚力和认同度。具体来说，一方面要以民族文化、传统文化与历史文化的杂糅增强主流文化的文化底蕴，以民族自豪感与历史责任感统一社会思想、凝聚社会共识。另一方面要充分借鉴和吸收现代化文化因素与形式，增强民众对社会文化建设的兴趣与认同。同时，应以社区文化建设为载体，充分挖掘社区单元内的先进文化因素，以文化内容、文化形式与文化种类的不断创新塑造文化的引领作用，并以评比先进、树立典型等形式构建城镇化农民的城市归属感和社会认同感。

（二）构建新型城乡关系，统筹城乡一体化建设和发展

农业供给工业、农村支持城市，是工业化发展的必经阶段和必要过程；而工业反哺农业、城市支持农村，则是城镇化进程的关键实践路径。这是经由发达国家实践证明了的科学规律，也是经济发展与社会进步的必然要求。实现城乡发展一体化，优化资源要素配置，实现全域共生共赢，关键在于破除城乡二元分层结构——这一横亘于城乡之间的体制障碍与传统认知瓶颈。正如有学者所说："可以肯定地说，城乡二元体制的改革是继国有企业体制改革之后另一项带有根本性质的经济体制改革。""破除城乡二元体制将成为中国发展史上产生深远影响的重大举措。"落实在具体实施层面，宏观上应在上层建筑领域摒弃传统的治国理政的思维和理念，以现代化的治理思想置换管控理念，通过系统的宏观制度建构与政策设计，实现一体化规划和统筹发展，进一步释放以市场化、法治化和民主化为主的改革红利；微观上要切实探究以人为本的城镇化核心内容的实践机制，充分保证农民与农村的权利，尤其关注户籍制度消除过程中转户农民的权益维护，同时要改变基础设施与公共服务以区域划分覆盖范围的传统做法，完善基于人口密度和聚居形态的延伸与辐射机制。

（三）丰富产城关系内核，构建人本化互动共赢长效机制

"制度—分工—经济发展或财富创造"的理论揭示了个人收入水平与市场经

济体制的内在因果关系,而市场引导逻辑的失灵困境则凸显出市场经济体制在城镇化中的作用失灵所造成的失业待业等资源要素浪费。可见,以往研究和实践中过多强调了工业化发展与城镇化推进之间的互动关系,而忽视了以人为本、人民利益最大化的根本内核。因此,深化产城互动关系,应提高城镇化农民的收入水平,维护传统市民的既有利益,促进城乡居民共享政策红利,丰富产城关系内核,以此为出发点构建人本化互动共赢长效机制。在实践机制上,一是要完善市场经济体制,充分释放中小企业与微型企业的发展活力,提高市场对于劳动力资源的配置和吸纳能力;二是要努力发展乡镇特色经济,促进城乡经济发展互助互利,缩小城乡收入水平差异,增强城镇化内生拉动力量;三是要积极发展社区企业,参考现代企业的经营模式,以社区为法人主体和管理主体,通过企业盈利部分实现企业持续发展、社区有序治理和社会公益事业完善的多赢局面,丰富城镇化农民的收入来源与方式,提高城镇化社区经济发展与城市生活活力。

(四)重塑城镇化背景下的危机预防与应急关系,建构社会风险预警体系

当前我国业已形成的以“一案三制”(即应急预案和应急体制、机制与法制)为基础的应急管理体系,在有效预防、应对、控制与妥善处置突发性公共事件的过程中发挥了基础性作用。然而,从整体应急管理体制建构的特征上看,普遍存在“重应急,轻预防”现象。城镇化的核心是人的城镇化,城镇化所触及的社会利益结构、阶层结构、城乡结构等都将引发人的社会心理的波动甚至异化,这是诱发社会风险的根源所在。可见,以应急为主的社会应急管理体系只会在社会风险的应对上“疲于奔命”,难以从根本上消解社会风险。因此,必须建立针对社会心理风险的识别、评估、处理与备案体系,定期广泛深入开展边缘社区居民的“摸排”工作,掌握居民的思想动向,建立居民风险管理档案,实现对心理风险的分级、分类管理;必须定期召开包括社区论坛版主、讨论群主、楼栋组长、居民代表等在内的代表会议,了解居民的最新思想动态,倾听民众的各类利益诉求;必须编制社区社会心理风险应急预案体系,建构应急管理信息互通与共享平台,实现对社会心理风险的系统化、信息化管理。

(作者为苏州大学政治与公共管理学院博士研究生)

人的城镇化的现代性维度与建构
——基于马克思现代性思想的方法论剖析

邹慧君

【摘要】 从马克思现代性思想透射出的基本立场、观点和方法审视，人的城镇化是一个多维的实践体系，应当包含农民在城镇化推进中的主体性地位的彰显，农民良好生存与发展权的维护和实现，建构与传统乡土文化的有效对接，创设农民成为城镇化最大受益者的制度体系以及实现人与生态的和谐等。

【关键词】 人的城镇化　马克思　现代性　建构

现代性是贯穿于现代化进程中的一个焦点问题，就其本初含义来讲，指的是伴随着现代化（工业化）进程，对现代化实践的整体性文化反思和超越。从这个意义上讲，现代性并不是一个纯粹的学术概念，而是随着现代化的发展推进迫切需要研究和解决的现实课题。如何理解和把握现代性，直接影响现代社会架构的整体改造和现代化进程的顺利推进。人类现代文明演进的历史表明，一个国家要成功地实现现代化的蜕变，那么其在工业化推进的同时，必须同步协调推进城镇化建设和改造。城镇化不仅是现代化的题中之意，也是现代性国家建构的重要物质载体。对于中国而言，改革开放三十多年来渐成燎原之势的城镇化建设与发展，不仅契合了现代性国家建构的旨归，也为现代性的生长创设了坚实的物质基础。但不可避免的是，中国城镇化建设"摸着石头过河"的客观国情，也导致了现代性的连锁扭曲和异化，最突出的问题表征就是人之终极价值的迷失。党的十八大鲜明指出了建设"新型城镇化"的战略构想，新型城镇化的核心是"人的城镇化"。这些思想的提出，标志着城镇化在顶层设计上的价值回归和重建。马克思虽然没有明确地提出"现代性"这一概念，但其站在对资本主义社会现代性"诊断"和"治疗"的基础上，还是阐释了自身的现代性思想，尽管历史语境与当下中国迥然不同，但其现代性思想透射出的基本立场、观点和方法，仍然富有当代价值，对于我们认识和把握"人的城镇化"的内涵、积极稳妥地推进城镇化建设具有重大的启示意义。

一、主体性维度:农民在城镇化推进中的主体性地位的彰显

在马克思的视野里,现代性的载体是资本主义社会,因为资本主义社会的出现,体现出前所未有的"现代性"色彩,马克思在谈到"资本主义社会"时,也常常与"现代社会""现代资产阶级社会""现代文明"等交替使用,这也正如利奥塔所指出的,"资本主义是现代性的名称之一"。与此相对应,现代性的主体自然是资产阶级。正是资产阶级改变和创造了现代社会。作为现代性的主体,资产阶级与资本是完全一致的。资产阶级不过是资本的人格化,而资本则在资本主义社会日益具有"主体化"的性质。"作为资本家,他只是人格化的资本。他的灵魂就是资本的灵魂。"现代社会就是在这种主体性资本的推动下形成和发展起来的。"从资本的本性和逻辑来透视现代性,正是马克思考察现代性问题的基本立足点。"马克思考察问题的这种方法论是发人深省的:我们推进的城镇化是一种什么性质的战略举措?推进城镇化依靠的主体性力量是什么?

从更宏大的视野来思考这个问题,在中国历史上,中国农民从来就是中国历史的主体。这是中国农民的历史地位和历史作用决定的。现在的问题是,中国在进入现代化建设进程以后,特别是在推进城镇化建设的大势之中,中国农民还能成为主体力量吗?回答是肯定的。从 1978 年改革开放的大门开启之后,在中国现代化建设的进程中,无论是家庭联产承包责任制的实行,还是乡镇企业的异军突起,抑或是民营企业在市场经济体制改革中的率先成功,农民总是扮演着先锋性角色并引导了改革的潮流。显而易见,中国农民是中国现代化的推动者和建设者,是现代化主体力量之一。从这个角度上讲,当前的城镇化发展是中国特色社会主义事业发展总体布局的一个重要组成部分,其服务于广大农村农民的现代性改造,与广大农村农民的利益和命运息息相关,或者说就是农村农民的城镇化。既然推进的是农村农民的城镇化,那么,城镇化所依托的主体或依靠的主要力量就必然是参与城镇化建设的所有农民。这是推进城镇化建设的强大动力,也是顺利推进城镇化建设的有力保证。

观照现实,在我国推进城镇化的过程中,存在着主体性地位倒置问题:农民不但主体性地位没有得到确立和彰显,甚至成为城镇化的客体,即被改造的对象,最具典型性的案例就是有的地方政府为了地方利益或者部门利益,强势推进农村集体土地性质变换,以牺牲农民土地权益来降低城镇化、工业化的成本,以致民怨沸腾。在这种情况下,又何谈调动农民参与城镇化的积极性和主动性?解决这一问题的根本办法,就是要牢固确立"政府主导、农民主体"这样一个基本的角色定位。

在这方面，我们虽然需要大力培育和创造市场在城镇化建设中发挥资源配置作用的环境与条件，但中国城镇化建设的国情决定了在当前和今后一段时期，政府在推进城镇化建设中的主导性地位仍然稳固，政府在顶层设计规划、基本公共设施改造、公共服务提供、社会福利保障以及生态文明建设等方面仍然需要发挥主导且不可替代的作用。但是，需要注意的是，主导并不是主体，城镇化的主体性力量是农民。只有充分尊重农民的需求、引导农民的力量、释放农民的热情，充分调动农民参与和融入城镇化的自觉性与主动性，真正让农民感觉到自身不是“被城镇化”，城镇化这场“革命”才能取得真正的胜利。

二、价值性维度：农民良好生存与发展权的维护和实现

马克思关于现代性的考察探究，贯穿着鲜明的价值指向——人类解放和实现人的自由全面发展。马克思穷尽一生心血对现代资本主义社会进行全面深刻的批判与解剖，其终极目的就是寻求一条通往人类解放和实现人的全面发展的路径，其现代性批判闪耀着价值关怀的耀眼光芒。在马克思看来，资本生产的内在要求，在于“培养社会的人的一切属性，并且把他作为具有尽可能丰富的属性和联系的人，因而具有尽可能广泛需要的人生产出来”。这就是说，资本对人的培养，根本上在于满足资本的需要，而不可能在于人自身的发展本身。资本生产的本性决定了人不过是“特殊的商品”。在这样的情况下，人根本无法得到自由全面的发展。那么，如何消除这种异化状态，实现人自由全面的发展？马克思认为，必须建立新的自由人联合体。只有这样，人才能得到最终的解放和发展。在这里，马克思确立了现代性的价值指向，而且具体指出了实现这种价值的途径和手段。可以说，这是马克思价值论的最大价值所在。按照这个视角审视中国城镇化建设，最直接的问题就是如何反思和把握中国城镇化建设的价值。亚里士多德曾经说过：“人们来到城市是为了生活。人们居住在城市是为生活得更好。”城镇化当然是为了追求现代性、实现现代化，但这并不是最终目的，最终目的是保障和实现人的全面发展，让人在城市“诗意地栖居”，这应当是城镇化建设的旨归。具体结合当前中国的实际，城镇化的建设发展就是要把农民“进得来、留得住、活得好”作为基本的价值遵循和价值目标，真正维护和实现农民生存乃至全面发展的权利。

但是反观当下中国，在城镇化推进的过程中，一个带有普遍性的问题就是为“城镇化”而“城镇化”，“城镇化率”这一指标成为人们趋之若鹜的风向标。在这种偏移的导向下，一方面是大规模的城市改造运动兴起，一方面又在城市周边掀起新城建设热潮，不管是旧城改造还是新城开发，大都热衷于抓项目，热衷于抓经

济指标的增长，热衷于改变和提升城市形象，而忽视了推行城镇化建设的终极价值取向，导致的最大恶果就是大量的失地农民产生和农民工实现“市民化”阻力重重，很多城镇化建设项目成了“半拉子”工程，而农民在这个过程中受益不多，甚至成了城镇化的“牺牲品”。在这个问题上，对于政府来讲，作为推进城镇化建设的主导性力量，就必须树立起与其主导性地位相适应的、以人的发展为旨归的主导性价值理念。应当看到，发展本身就包含着价值选择、价值指向。城镇化发展好坏优劣，并不仅仅是从城镇化自身发展的程度来界定的，更主要的是从发展的结果对人特别是作为主体性力量的农民的满足程度、价值实现程度来界定的。当城镇化的结果对人的发展是有益的，那么这样的城镇化就是发展的，否则就是不发展的。所以，完整意义上的城镇化发展，是同人特别是同作为主体性力量的农民的发展及其价值实现直接相关的发展。否则，再高的经济发展指标、再美的城市形象也失去意义。

三、文化性维度：建构与传统乡土文化的有效对接

现代性与传统有着割舍不断的千丝万缕的关系，现代性既是对传统的承续，更是对传统的超越。马克思就是这样来看待现代性的流变的。在马克思看来，现代文明正是在传统文明的基础上得以生发和展开的，它是对传统进行体系性变革的产物。传统在现代性的发育、发展过程中起着重要的作用。“人们创造自己的历史，但并不是随心所欲地创造，而是在既定的、从过去承继下来的条件下和传统中创造。”传统不可能从现实生活中消失，它必然以某种方式或形态影响和改变着当下。因此，传统与现代性并不构成完全冲突乃至尖锐的对立，正如马克思所说，“现代社会所趋向的‘新制度’将是‘古代类型社会在一种更完善的形式下的复活’。因此，不应该特别害怕‘古代’一词”。

考察世界现代史，得出的一个基本的规律就是，任何一个国家迈入现代化，无不是在对自身传统的承继和超越中实现的。今天，我们要建构当代中国的现代性，也必须重视和弘扬我们的文化传统。这就启示我们，对于中国城镇化建设来讲，同样离不开对文化传统的继承和吸纳，只有根据城镇化建设的需要，对传统进行创造性的转换并实现与城镇化建设的有益对接，城镇化的建设才有其坚实的根基，人的城镇化才能有真正的实质内涵。那么，如何实现传统与城镇化建设的有益对接？核心在于根据中国农村实际，探寻、总结和光大中国传统乡土文化在城镇化建设中的有益价值。应当看到，在这个问题上，有相当一部分人从“现代化等于工业化加城市化”这一角度出发，认为中国实现现代化的过程本质上就是一个

“非农化”的过程,传统乡土文化在某种程度上成了城镇化需要改造甚至是消灭的对象。诚然,中国走向城市化的趋势是不可改变的,而通过农业人口向城市的转移来扩大土地经营规模进而实现农业现代化则是世界经济发展的基本规律,中国也不可能例外,但中国城镇化有其特殊性,这种特殊性最大的表现就是中华文明是农耕文明,中国至今依然是农业大国,传统农业社会的历史和文化积淀源远流长且影响深远,传统乡土文化凝结的历史文化心理的渗透力和影响力在相当长的时间内都不会改变或者削弱,有时甚至会随着现代化进程的裹挟而显示出强大的逆反力。政府部门发起的关于城镇化的问卷调查显示,不想进城的农民并不在少数,除了基于“就业难、自身受教育水平低”等因素的考虑外,很多被调查者也认为“自己已习惯了农村的生活方式”,这就从一个侧面反映出文化环境的变化对城镇化推进的制约和影响。因此,推进人的城镇化,不但要发现和重视传统乡土文化的价值,更要探寻其与城镇化建设有益对接的途径和方式,充分发挥传统乡土文化在城镇化建设中的积极作用,努力实现传统乡土文化与现代文明的二元和谐共存,这应当是中国新型城镇化文化建设的内核所在。

四、制度性维度:创设农民成为城镇化最大受益者的制度体系

现代性作为资本主义萌生和扩张的产物,从一开始就蕴含着深刻的内在矛盾,特别是随着工业化浪潮的推进,现代性遭遇了前所未有的危机和困境,这也引发了以后现代主义为代表的一些西方思潮从理性、文化等层面对其进行的更为深刻的检视与批判,有的甚至给予更为彻底的颠覆与否定。与后现代主义等思潮不同的是,马克思对现代性的矛盾分析并不是仅仅停留于理性、文化等层面,而是重点指向制度根基。在马克思看来,随着资本主义发展起来的现代性有其两面性,一方面确实给人类社会带来了巨大跨越,促进了以生产方式为核心的整个社会生活的现代变革;但是另一方面,现代性发展又伴随和衍生着社会发展的扭曲与沉沦,“物的世界的增值同人的世界的贬值成正比”。“随着人类愈益控制自然,个人却似乎愈益成为别人的奴隶或自身的卑劣行为的奴隶”。这是一种难以消解的发展悖论。如何解决这种问题?只能是超越原有的现代性。对此,马克思提出了一个根本的出路和方向,这就是诉诸共产主义实践,只有这样,才能从根本上消解资本主义现代性的深刻矛盾和剧烈冲突。马克思的现代性批判思想虽然指向的是资本主义社会,但其分析诊断有着强大的历史穿透力。当前,中国的城镇化正进入一个快速发展的轨道,在发展繁荣的背后隐含蓄积着诸多难以解决的矛盾和困境。虽然从历史唯物主义的角度审视,这只是发展中的问题,但如果处理和解决

不好，也很有可能成为“发展的悖论”。

如何从根本上解决中国城镇化推进中面临的诸多矛盾和问题？马克思的现代性批判思想给我们提供了科学的思想引路：一方面，从工具理性层面，必须善于运用矛盾分析的观点来看待城镇化，敢于正视和解决城镇化发展过程中逐渐积累起来的矛盾与冲突；另一方面，也是更为重要的，就是必须从制度理性层面把握好城镇化发展的方向，进行合理的制度创设，这其中的一个根本要求是要坚持用真正体现社会主义本质的各种基本原则和要求，来对待和处理城镇化建设中的各种问题并进行制度性建构，而建立和完善能够让农民成为城镇化的最大受益者的制度体系，应当是制度建构的核心要义。

由于历史和现实的诸多原因，城镇化建设在土地、户籍、福利保障、财税等方面还存在着诸多制度性障碍，使得农民在城镇化建设的过程中往往成为利益的“边缘群体”“覆盖盲区”，有的城镇化建设的进程甚至被异化为对农民“剥夺”的过程，最典型性的表现就是失地的农民为未来的生计奔波劳顿，而城镇化造就和催生的房地产商等攫利阶层过着“贵族化”的生活。因此，制度性改革势在必行，必须从根本上改变这种不合理、不公平的制度格局，切实把作为城镇化建设主体的农民的利益作为制度创设的基本出发点和落脚点，进一步大胆探索、坚决破除体制尤其是城乡二元体制的障碍，不断推进土地、户籍、财税、行政管理等各方面体制机制改革，使城镇化由外延式发展过渡到内涵式提升，真正使城镇化建设的过程成为农民获利最大的过程，只有这样，才能从根本上破解城镇化建设和发展的各种问题与矛盾，为人的城镇化建设目标的顺利实现提供坚实的制度保障。

五、生态性维度：实现人与生态的和谐统一

随着工业化浪潮特别是信息化革命的推进，人类的现代化实践无论从深度还是广度来说都是空前的，现代性问题得以充分展开，它使人类极大地享受现代文明带来的福祉，同时也使人类陷入自身制造的困境之中，其中，在全球范围内出现的气候变暖、大气污染等生态性危机就是这一困境的典型表征。马克思在对资本主义批判的基础上，深刻阐述了现代性扩张带来的人与自然关系的紧张，并指出了人与自然关系的实质。“自然界，就它自身不是人的身体而言，是人的无机的身体。人靠自然界生活。这就是说，自然界是人为了不致死亡而必须与之处于持续不断地交互作用过程的、人的身体。所谓人的肉体生活和精神生活同自然界相联系，不外是说自然界同自身相联系，因为人是自然界的一部分。”在对人与自然关系的处理上，马克思主义从来不否认人对自然积极的改造作用，强调了人要合理

地改造自然，使自然更好地为人类服务，但同时又强调了人类应当限制自己的行为，尽可能地对自然生态加以保护，实现人自身与自然的一体性，只有这样，才能保持人与自然的和谐统一，使人类社会健康和持续地发展下去。

马克思在对现代性批判基础上形成的生态思想，对于中国现代性建构极具启示价值。“美丽中国，需要有良好的生态。若失去了生态的支撑，经济发展则失去了目标。”当前，生态文明建设已经被纳入到了与经济建设、政治建设、文化建设、社会建设并驾齐驱的“五位一体”的中国特色社会主义建设总体布局中，中国城镇化建设必须走一条与生态友好共处、良性互动之路。从这个层面来讲，人的城镇化的内涵还应包括确立人与自然和谐、平等的关系，反对人类破坏自然、征服自然、主宰自然的理念和行动，以及了解并尊重自然、保护自然、合理利用自然并主动开展生态型城镇化建设的理念和行动。应当看到，长期以来，我国在推进城镇化的过程中，在提高社会生产力的同时，也使广大农村地区不得不承受着环境恶化、资源枯竭的沉重代价，生态环境问题对城乡居民的生理健康和生活质量构成了现实威胁，特别是由于农民处于弱势地位，农村生态环境保护长期处于边缘化，农民生态权受损是一个严峻的现实。解决这种问题不可能一蹴而就，但必须首先从理念上确立人是城镇化建设的核心和要旨，城镇化虽然是一个庞大而复杂的系统工程，但说到底还是关于“人”的问题。推进城镇化建设，要把生态文明理念和原则全面融入城镇化全过程，既要考虑发展速度、社会经济的发展目标，又要兼顾生态环境的可持续性，探索一条既能发展城镇经济，又能保护生态环境的城镇发展之路，使人的创造力和生产力充分发挥，居民身心健康和自然生态系统得到充分保护。

（作者为洛阳师范学院讲师）

城镇化与城乡治理主体

困境与创新：新型城镇化推进中的府际合作

郭彩琴　卓成霞

【摘要】 新型城镇化的本质是人的城镇化，而要实现人的城镇化必须提升政府公共服务效能，能否实现此目标，关键在于府际合作的成效。在单一制政体的框架下，中国府际关系存在着纵向层级政府的合作效能较高但竞争力度不够、横向层级政府的竞争力度较强但合作性不足的制度性困境。新型城镇化客观上要求不同层级间政府必须从传统的幕后竞争走向当代的台前合作，而建立府际合作的规则与协商机制、政府利益与公共利益融合机制、公共问责与监督机制、干部晋升激励与生态补偿机制，有利于提高新型城镇化的发展速度与发展水平。

【关键词】 新型城镇化　府际竞争　合作机制

新型城镇化是一项涉及政治、经济、文化、社会和生态文明建设的“五位一体”的系统工程，是推进人口聚居、产业、生态环境、基础设施、政府服务等全面协调发展的过程。新型城镇化虽然包括丰富的内容，但是其本质与核心是实现人的城镇化。人的城镇化不仅体现在人口向城镇的集中，而且直接体现在对公共服务均等化的诉求。新型城镇化视域下公共服务均等化的实现，必须依靠各级政府之间的合作。府际合作要求在理顺不同政府间横向与纵向制度关系、权力关系、利益关系等各种关系基础上，明确各自的权利与职责范围，共同承担新型城镇化过程中的公共管理事项。政府合作有利于政府运转和治理方式的转变，有助于市场机制资源配置效率的提高。新型城镇化水平与质量的提高有赖于政府之间有效合作机制的科学构建与实施。

一、新型城镇化与府际合作之间的相关性

在我国社会发展所需资源总量不足的情况下，由于各个地区之间的发展不平衡，城镇化建设势必需要整合社会各方力量，形成优势互补，达成资源最优配置，以实现多方收益最大化之目标。因此，新型城镇化与各级政府之间的合作势必存

在高度相关性态势。新型城镇化的高起点要求各级地方政府不仅要介入,而且要成为推进城镇化的主要力量。作为推进城镇化的重要主体,各级政府必须进行全方位筹划:既要考虑本地区的自然资源承载力以及劳动力的吸纳程度,也要考虑本地区的经济发展水平以及能够承载城镇化发展的深度与强度,还要实事求是地衡量政府财力以及能够提供可预期公共服务的数量与质量。政府之间的合作不应停留于口号层面,而必须体现在各级政府集体行动之上。集体行动的发生,必须打破现行行政区划对城镇化发展的刚性控制,消除影响合作局面形成的制约性制度,实现府际间的良性互动和协调。因此,要从本质意义上实现新型城镇化的各项指标,必须脱离传统的“各自为政”的城镇化路径,实现政府间的有效合作。

(一)地方政府执行公共政策效能与利益博弈之间的相关性

新型城镇化作为当代中国发展的一项战略,因其“人的城镇化”这一本质特征,势必涉及各级政府的职能与权力的重新配置。我国是多层级政府的框架,每一级政府都有其确定的行政区域,都有一套分工明确而又相互制约的权力机构、明确的公共事务管理范围和责任相对独立的财权。新型城镇化首先直观地表现为必须破除地方政府对耕地有限资源的依赖,从而促使地方利益分配格局的转化。由于房地产一直是拉动地方经济的重要引擎,因此就短期而言,房地产是直接拉动 GDP 的关键要素。但从战略视角看,这一发展模式可能导致巨大的经济增长困境与社会发展危机,地方政府的债务危机已充分说明问题。可以说,从南到北,从东到西,整个国家都在大兴土木,广阔的良田不去种粮食,而都在“种”房子。“造城运动”的直接后果就是耕地锐减,生态平衡遭受破坏。虽然中央三令五申要保住 18 亿亩耕地红线,但有多少地方会在“政绩”面前真正执行、理会这个“纸上”的政策规定?公共政策执行的弱化与政府不作为现象导致某些地方政府公共政策效能降低。

随着新型城镇化的不断推进,地方政府之间的利益链不断加强,各层级政府都清楚地认识到新型城镇化政策的推进中会获得相当多的利益。但客观存在着的多元利益格局,决定了任何一种合作机制都不可能满足各级政府的各种利益要求。地方政府不仅要求建立利益均沾的合作机制,而且要求保留实现政府利益的相关空间。因此,新型城镇化一方面要求地方政府公共政策执行效能进一步提高,另一方面,由于存在各级政府之间的利益博弈,地方政府公共政策执行效能实际上可能下降。因此,府际合作过程中客观上存在着各级政府公共行政执行效能与利益博弈之间的高度相关性。如何突破这一相关性难题,是新型城镇化推进过程中政府之间合作实践必须理性面对的重要课题。

（二）各行政区多项职能叠加与区域分工合作之间的相关性

作为具有单一制的政体框架的中国社会，是政府主导型社会。虽然政治体制改革过程中“放权”动作比较多，但是实际运作过程中政府掌控着汲取、动员与调配公共资源的权力这一现实没有发生根本性的变化。省、市、县、乡的地方政府层级体制决定了地方政府的职能和治理能力不仅受制于中央的宏观制度，也取决于地方政府间的管理体制与权力配置状况。正如约翰·密尔（John Mill）在《代议制政府》中特别强调的那样，“地方代表权的目的本身就是为了使那些具有和一般同胞的利益不同的共同利益的人们可以自行安排共同的利益。每个市，不论大小，都有其特殊的利益，为其全部居民共有”。“在支配性体制下，下级政府缺乏应有的自主性，上级政府往往会侵占下级政府的权力。”“在支配政权里，政府领导人的影响力比较单向，同时，政策主要由层级和命令来达成。”新型城镇化促使行政区的经济职能理性化，因为现在各省、市发展都以“GDP”战绩向中央表明地方发展的成果。无论中央下放什么富民政策，相关地方政府都会一窝蜂去执行，不管这个地方是否适合这个产业或项目。全国千城一面的根源在于评价官员的指挥棒可能出了问题。各地方政府争先恐后地大发展，就怕他省领先，自己落后。目前，我国各级行政区的经济功能和行政功能十分突出，这种行政区分割的体制，必然导致各级政府的经济结构出现高度雷同的现象，同时也加速了行政中心与经济中心的渐趋吻合的进程。这一现象制约了企业、城市和区域在竞争、合作中的分工。在新型城镇化的推进中，各级政府必然寻求区域边界内的利益最大化，“搭便车”现象就会出现，一方面不想支付开发成本，另一方面却都想分享利益。这一“利益算计”将会阻碍府际顺利合作，也将制约新型城镇化的发展水平与发展质量。显然，新型城镇化过程中府际合作必须确定各区域的功能定位，以及相互之间的分工合作关系。

（三）地方政府公共责任实现与官员政绩之间的相关性

新型城镇化的公共责任促使政府考核官员政绩公平化、理性化。官员升迁是中国官僚系统的一件大事，唯有熟悉官场规则，才能仕途得意。有一些官员在地方发展中靠自己的能力和智慧赢得群众的认可，但未必都能进入领导的提拔视野。有A、B两个相邻贫困县，A县县委书记不修水利基础设施，年年发大水，年年抗洪，A县县委书记冲在前面救灾，电视画面年年播放。过了3年，A县县书记荣升了。而B县县委书记在第一年发大水过后，进行了地势考察，确定了救灾方案，对基础设施进行了改造,第二年起再也没有水灾发生,B县县委书记也很少上电视镜头,B县3年后逐渐脱贫,但B县县委书记反而没有升迁。如果官员与政府的偏好一致,那么就会导向一个结果:要么官员升迁,要么地方群众受益。此事说明了一项事实,即中国政治体制改革中评判官员的指挥棒必须重新进行理性界定。事实上,政府本位的绩效评估体制使得各级政府之间的竞争实质上变成了领导人的政绩竞争。在这种体制下,横向间的政绩对比,涉及较多的是数字硬指标,而人的需求和社会发展的软指标由于难以计量而涉及较少,公共责任的实现难以在政府绩效评估中出现。这就使得地方政府在发展中忽视整体利益或人民群众的根本利益,出现追求自身利益最大化的片面发展倾向,进而附加新的社会风险。新型城镇化对于地方官员来讲,既是机遇更是挑战。人的城镇化给他们带来了新的难题,要在GDP方面一枝独秀或提升当地公共服务水平两者中进行合理选择,困难重重,唯有真正为民的官员可以为责任舍弃政绩。因此,在新型城镇化背景下,府际合作的意义在于:“一是府际合作可以解决因区域内资源的稀缺性而引发的各种矛盾,寻求公共管理的解决方案,减少资源的重叠浪费,促进存量资源的有效运用;二是府际合作可以在现有行政辖区分离化的背景下,寻求整合性机制,化解功能区域间的冲突;三是有利于促进政府决策的开放性、多元性、民主性与参与性。”城镇化进程中政府公共责任担当与政府官员政绩考核之间的相关性直接决定府际合作的可能性与实效性。因此,上述相关性的确认与解决是实现新型城镇化的又一重要环节。

二、新型城镇化推进过程中府际合作面临的困境

长期以来,伴随着各地方政府作为相对独立的地区利益主体成为事实,区域之间利益竞争成为一种常态。虽然新型城镇化在客观上要求府际合作,但由于利益竞争惯性的作用以及相关制度的滞后性,府际合作面临许多阻碍因素。

(一)共同受益的公平性难以短时期内实现挑战合作的可能

合作中利益攸关方共同受益的公平性难以平衡是阻碍各级政府合作的一个关键因素。各地方政府之间决策实践的积极配合是新型城镇化战略实施的重要前提,但在实际操作过程中,新型城镇化又不能游离地方政府的利益属性和政绩分割性来谈合作,即忽视合作中的共同受益的利益分配问题。一般认为,无论哪一级政府之间的合作,都存在着总收益越大,合作解决问题的可能性越大的情况,但事实上受益分配只能保证相对公平,因为府际合作还有两个条件:“一是合作的

总收益必须超过交易成本。二是合作能够使每个参与者至少能富裕起来。除非每个城市都能从中获益，否则它不会改变其服务安排。由于过度消费的损失在增加，参与的各级地方政府更有可能去寻求一种协议来限制资源利用，共同获益要求帕累托最优产出是存在的，且能够变成现实——这种产出的获得，至少让一个博弈者变得更好。”帕累托最优原则在府际合作实践中客观存在，“博弈者的异质性程度越高以及取胜者越明晰，合作面临的政治反对势力就会越大。在以追求地方利益最大化为前提的条件下，区域内全局性的公共利益便经常无法得到维护，甚至可能会导致更大的损害”。共同利益的存在或是为了避免共同灾难，府际合作机制本身并无办法保证合作治理的必然到来。相反，跨域事务的公共性反而促使搭便车（free - rider）的行为出现，这对部门之间、不同层级政府之间，以及地方与地方之间出现合作的必然性与可能性提出严峻挑战。

（二）利益主体偏好多样性的客观存在影响合作水平

地方政府作为利益主体，在发展策略上客观存在着多样性的政策偏好，很多情况下各级政府达成合作需要一定的时间协调。新型城镇化在每个地区和省市之间存在着发展方向和发展重点的不一致也是客观存在的事实，因此，合作的意向和偏好肯定会出现多元化倾向。自古以来，强强联合是公理，若要要求强弱合作，那肯定得达成一个不公平的利益让渡协议，这样才能实现这种不对等的合作。长期以来，我国政府层级划分满足了中央政府对地方权力的配置。这种方式能够在短时期内集结所有力量完成国家重大任务，对国家发展具有强大的积极意义，但这种模式是以牺牲地方政府的利益为代价的。地方政府在“唯上”的思维惯性下，往往又是以牺牲当地民众的利益换取上级政府的认可的。那么谁来承担“集体决策失误”的后果呢？很显然是整个社会来承担，具体到各地区，就是由当地民众来承担。因此，虽然新型城镇化是多方联动的政策效应，但地方各级政府作为具体的实施者和贯彻者，要彻底改变传统的“唯上”思维模式比较困难。在这种多元地方权力共同应对一元中央权力的框架下，各地之间的竞争成为必然。

虽然共同收益是必需的，但它远远不能成为建立合作关系的基础。对不同层级政府间合作而言，博弈者的偏好偏离了政策目标本身，就是一种竞争。新型城镇化是地区经济发展的新引擎，随之而来的是各层级政府间为获得新项目而展开的相互竞争。A 省赢了则 B 省必败这种线性思维逻辑在区域政府政绩比较框架下客观存在。因为新企业等经济组织进驻任何一省本身就带有消费上的排他性和竞争性。比如，A、B 两个邻近大省需要利用区位和资源优势建立大型的加工区,这是一项双赢的投资政策,但绝对拒绝C省的介入,则体现了政府行为中有限的合作性和排他性。目前,政府合作中普遍存在的一种现象,就是利益共同偏好不能多次被分割,此例中C省的加入可能会分摊A、B的共同受益,降低它们的绩效。

(三)各层级政府行政地位与权力的不对等增加合作的难度

竞争是无任何条件的,但任何合作都具有一定的条件。随着市场经济的发展和制度环境的变化,“地方政府客观上逐步演变为一个具有相对独立的利益结构的行为主体,并在同上级政府和地方观众的双重委托代理关系中形成了自身特殊的效用偏好和行为准则,由此,使得传统层级政府间行政命令体制与地方政府自主性之间的矛盾日益加剧”。尤其是在权责划分比较刚性的体制下,要实现不同层级、跨省的合作尤为困难。比如,新型城镇化要提高人口红利,破除户籍制度壁垒,把农民变成市民,这是何等艰难。虽然我们国家这些年也一直在推动户籍制度改革,但在现实层面有许多在短时期难以跨越的切实的难题,府际合作任重道远。因为在现实制度下,每个特定的地方政府所拥有的权力是由三个因素决定的:达成合作以提供服务的需要(即会考量现状或者可替代选择的价值),贴现因素(服务被迅速供给是多么重要),其风险规避程度(一个可靠的交易与一个可能更好的交易)。

各级政府作为利益的博弈主体,如果合作主体的权限与之不太对称,二者就没有合作的可能性。因为一些博弈者的权力可能导致它们需要从合作协议中获得更多,协议达成时,较强势的博弈者将能够从成果中分配更多。“某些资本密集型的基础设施项目,比如供水和排污处理系统的平均成本下降,人口最多的城市可能要求更大的权力。因为按其规模和权限,它也能独立运作这个项目,甚至没有必要与其他政府合作。如果它们与其他政府合作供给这种服务,它们可能迫使低一级政府的城市承担与其实力不相称的成本。”在省级政府看来,县级政府已经从中获利,它们应该承担发展中的部分责任。竞争性力量的强弱决定着政府选择什么样的服务、服务的品质以及对产品负责的组织或行动者,这也增加了府际合作的困难。

三、新型城镇化促进府际合作成为可能的优势

尽管在推进城镇化的过程中,府际合作面临诸多困境,但从发展前景看,府际合作也伴随政策的调整日益成为现实,各级政府间实现合作应该成为发展的

主流。

（一）区位优势使得府际合作成为可能

公共政策理论指出，地理区位通过多种方式影响着地方政府合作。因为地方政府都是由地方限域的，菲沃克认为："虽然它们能够通过兼并或者联合来扩张其区域，但终究不能轻易改变的。缺乏易变性的区域范围，势必限制潜在的合作伙伴数量。地方政府一般与地理上临近的政府合作。理论上，一个城市能够与坐落在省内或国内的其他城市签订契约，但距离太远显著增加该契约成本的收益率。例如，在本县范围内输送干净水至一个城市就会比跨省输送更为便宜。"中国地域辽阔、情况复杂，发展很不平衡——东中西部不一样；山区、平原不一样；不同的发展阶段，其要求不一样；不同的地域，其特色不一样。从目前全国的城镇化水平来看，各地之间存在明显的不平衡性。这些不一样与不平衡性决定了各区域之间进行全方位的交流与合作成为必然，也为府际合作提供可能。另外，"地方政府在地理上的集中性将增加不同管辖区内的地方官员之间的联系和互动的可能性；将增加不同管辖区内的居民跨区生活、工作和休闲的可能性，而这些'可能性'又为各层级政府之间或各地政府之间的合作提供了政治激励；也增加了地方政府政策溢出的可能性，所有在地理上密集的地区的地方政府都可能产生外部效应。最小化正负外部效应都能够促进地方政府合作"。例如，我国东南地区，人口密集、产业聚集，这些城市具有接纳国际先进科技、信息技术、高端人才、金融等作为桥头堡的作用；中小城镇具有吸纳农业人口的功能；西北部广大地区，地广人稀，产业分布密度不够，就应当以大力发展县市级城市、省城为主，走以发展大中城市为主的路子。不同省市的发展路径，体现出了府际合作的种种契机和可能，特别是资源的优化整合。这就要求有发展经验的地区利用自身的优势向周边地区和广大的农村地区进行辐射，带动郊区、农村一起发展，这也是先富带后富的一种发展策略，更符合中央精神。

新型城镇化体现的是全国一盘棋思想，其根本在于打破城乡二元结构，在省际或省内形成优势互补、利益整合、良性互动的局面。另外，府际间的正式或非正式协议都有助于区域合作，协议可能规定地方政府间的工作分配，而这可能需要在各缔约政府间进行资金转移。例如，市和县可能正式约定：由市来为两地的居民提供公共汽车服务，而县则要维修双方共有的道路。城市官员之间的非书面协议，通常是地方官员之间的"握手"协议，服务责任的分配是不言而喻的。例如，基于市和县主管公园与休闲等公共设施的部分负责人的共识，市可能会维修在其管辖区内的县的公园。地方官员间的长期互动以及建立的合作关系如同一个巨大的信任池,产生了显著的绩效期望值,为地方政府间的合作提供了营养丰富的土壤。

(二)公共服务均等化使得府际合作成为可能

新型城镇化是以追求人民生活水平的提高,让更多农村人口过上城镇居民的生活、享受到与城镇居民相对均等的公共服务作为终极目标的,这为各层级政府实现合作提供了种种可能。虽然政绩的竞争是不可避免的,但公共服务的均等化是每一级政府的共同使命。因此,从这层意义上说,区域相近或相邻的政府在推行公共服务政策上更有可能形成合作。

在制度性集体行动的框架下,比克斯和斯坦因(Bickers & Stein,2002)提供了关于不同层级政府合作的案例。他们认为:“潜在的溢出效应促使各级政府的民选官员合作起来以引进项目至某一地区。决策者之间的合作包括立法者和地方政府官员之间正式的和非正式的集体行动。”地方政府配置,影响公共的和私人的政策决定、适用于公民的服务供给选择、地方单位通过集体行动来解决区域问题的能力。“以权力下放为核心的扩权政策的实施,有效地增强了基层政府的自主性,优化了省市县三级政府间的权力配置,提高了行政效率和履行政府职能的能力,改善了发展的制度环境,大大促进了县域经济的大发展。”“快速交通缩短了城乡之间、区域之间的距离,使得相互之间没有行政隶属关系的城市合作成为现实。城市群的出现不会改变城市原有的行政隶属关系,但必然要求强化城市政府之间的合作。这种合作触及府际关系全局,上可以触及省级地方政府,下可以触及区县、乡镇。”比如,农民变市民的问题,就必须突破现有的户籍与福利社会管理制度。而在目前看来,政府之间启动服务合作信息资源的共享是推动人的城镇化的关键一步。正如国务院发展研究中心韩俊建议的,应建立合理的农民工市民化支付机制,在有条件的地方逐步实施融居住登记和就业、社保、租房、教育、计生等多种服务管理功能于一体的居住证制度,让“一证通”助力实现农民工与市民在子女就学、社会保障、技能培训、公共卫生、养老等方面的待遇均等。而这些目标的逐一实现,在很多的情况下,是靠政府推动的,府际合作是发展的必然。

(三)节约发展的成本使得府际合作成为现实

目前,我们国家确立了“五位一体”的发展格局,特别把生态文明建设提升到战略位置,在资源、环境的约束下,如何发展成为各级政府的首要难题。霍奇(Hodge,2000)认为,节省成本是政府达成服务合同的重要决定因素。当地方政府相信可替代的服务供给者可以节省成本时,就会寻求合作。比如,城镇化推进中,县政府可能与邻近的省政府签订污水处理方面的合同,因为这些县级政府没有强大的财政基础来修建自己的处理设施,这时候,合作就成为一种必要和可能。事实上,地方政府寻求可替代的服务供给者的决定是由其自利的政策目标驱使的。而 Klijn & Koppenjan 认为,政策是大量参与者在互相依赖的参与者网络中通过复杂的相互作用产生的。由于需要对方的资源来实现自己的目标,涉及其中的参与者是相互依赖的(Scharpf,1978;Benson,1982;Rhodes,1988)。节约发展成本是发展必须遵守的一项规则,府际合作是现实的必然选择。金太军认为:"由于资源禀赋的差异、经济发展阶段的不同,各行政区域间客观上存在着通过互利合作实现利益最大化的相互需要。"新型城镇化推进中,最为突出的问题之一就是有限土地的合理、节约使用问题。

土地是新型城镇化的关键突破口,必须提高农民在土地增值收益中的分配比例。当合作符合共同利益时,城市最可能共同合作,因此,确定共同政策目标就是地方政府集体行动的一个重要因素了。共同的政策目标可能来自成本节省、服务的连续性或者被供给的物品和服务的特性。潜在的成本节省是服务合同所援引的最普遍的原因之一(Stein ,1990;Ferris and Grady ,1986;Morgan and Hirlinger,1991)。新型城镇化的快速推进,"使得同级地方政府之间的横向关系和非同级政府之间的斜向关系更加紧密,以协调地区治理与发展,同时,适当调整行政区域的划分和相关地方政府的体制定位,最大限度地使行政区和经济区之间的紧张与矛盾得以协调,使地方政府能够将行政区划内的社会建设与经济区域内的经济建设有机结合起来",在节约存量资源的目标下,达到共同发展。

四、新型城镇化推进中的府际合作机制创新

新型城镇化是"五位一体"的城镇化,需要各层级、各地区政府的合作与协调。埃利诺·奥斯特罗姆通过实证研究认为,"在一定自然条件下,面临公用地两难处境的人们,可以确定他们自己的体制安排,来改变他们所处的情况的结构"。在此框架下,府际合作必须建立有效的机制来保障合作的有效性,以此在更深层面上推动城镇化进程。

(一)建立府际合作的游戏规则与协商机制

长期以来,在中央强大权力配置下,各地方政府间保持着相对和谐的竞争的关系,但新型城镇化要求各政府层级间产生联动效应,区域合作成为主流。在这

一认识框架下，府际关系必须走出权力配置的定向思维。既然在单一制体制下各地方政府无法改变权力层级，那就应该坦然面对这一现实并在政府层级的框架下发挥各主体的能动性，积极推进城镇化。毕竟，城镇化的主要实施主体是地方各级政府。这就要求地方各级政府之间在既有的权力配置下进行分工与合作，既包括省级政府之间的合作（跨省府际合作），又包括省内府际合作等多维度、多层次的合作。"涉及府际权力配置的优化问题，主要是指地理空间分权，旨在促进地方公共服务资源有效利用及治理网络体系的发展。"

建立府际合作的制度机制应进行体制设计和地方制度设计，从行动指导层面规划立法和政策指令，建构政策框架，设计和维持执行轨道；从操作层面完善管理政策过程。第一，制定府际合作的法律法规。通过制定府际合作的法律法规来保持区域政策的一贯性和持续性。如制定《府际合作章程》《府际合作法规》《府际经济合作条例》等，使其成为区域协作和区际交往必须遵守的原则，使地方政府在处理府际关系时有法可依。第二，建立府际协商机制。各级政府可以通过协商解决多元利益分配的议题，在遵循共同的游戏规则的前提下，衡量彼此间的利害得失，通过谈判协商，相互妥协，降低争端产生的概率。第三，优化政府组织体系的纵向结构。美国经济学家奥茨"分散化定理"认为，"对于某种公共产品来说，让地方政府将一个帕累托有效的产出量提供给他们各自的选民，则总是要比中央政府向全体选民提供任何特定的并且一致的产出量有效得多"。奥茨的分散化定理给出了政府间分权的一个关键原则：如果低层级政府能够和上级政府一样提供同样的公共产品，那么由低层级政府来供给更好。正如美国经济家斯蒂格利茨认为的，"地方政府与中央政府相比，更接近于自己的公众，从而对所管辖地区的居民的效用函数和公共产品需求比较了解"，这使得府际合作的协商机制成为可能。

（二）建立府际合作的政府利益与公共利益融合机制

由于利益的驱动以及地区之间的差距和发展的不平衡性，地方政府涉及角色调适与转型这一问题，这是权力与利益的多元博弈过程。市场经济规则的引入，"为地方政府的行为选择构建了特定的约束条件和激励机制，规定了地方政府行为选择的不同策略，塑造出了市场化进程中不同时期的政府角色模式"。无论我们是否承认政府存在自身利益的正当性，在现实中都确实存在，所以新型城镇化不能游离于政府利益与公共利益的博弈，这是不争的事实。因此，两者利益的节点是府际合作的关键。菲沃克教授认为，"制度性集体行动机制，能够使地方政府之间、不同层级的政府之间、不同地方政府单位和社区其他行动者之间达成合作”。斯蒂芬妮·波斯特认为,“所有的地方政府间的合作,无论是正式的还是非正式的——通过一组共同作用的制度来实现共享的政策目标”。制度性集体行动产生的动机在于单独行动无法实现集体利益(Feicock,2002),它是在地方政府单位面临集体行动问题时订立政治契约的动态过程中产生的(North,1990;Libercap,1989)。“地方政府促进经济发展、减少污染、缓解扩张和其他提升都市生活质量的政策行动,能够产生正外部性,并溢出到周边管辖区。这些外部效应或溢出效益会使大都市中的社区产生强烈的合作动机以实现共同的或区域性的目标。当潜在的利益很高,谈判、监督和执行政治契约等交易成本很低时,合作行动和制度就会产生。”(Hackathorn and master,1987)

随着城镇化的深入发展,地区之间相互依赖的程度提高,政府间需要横向协调的事务越来越多,一系列跨域公共问题,如环境保护、公共安全治理、社会保障体系建设等,地方政府依靠自身的力量无法独立解决。应建立科学合理的府际合作,“多元主体共治加强府际纵向、横向和斜向关系,使政府间关系演变为共同承担责任和解决冲突的政府间合作体系”。新型城镇化要求必须破除基于自身利益考量而引发的“各自为政现象”,应合力解决长期形成的负面问题,承担发展中的责任;实现公共项目最优配置;弥补干预中的遗漏或差距等问题。为此,各级政府必须抛弃片面的对抗竞争的狭隘观念,树立合作共赢求发展的新理念。

(三)建立府际合作的公共问责与监督机制

府际合作涉及民众的许多切身利益,在现实的操作层面会引发问题联动效应,因此,我们必须关注府际合作中的社会管理风险。在府际合作框架中,落实跨区域、跨部门政务合作方案,以有效解决区域内或跨区域间有关社会治安、交通、环保及教育等合作议题。第一,必须建立责任与风险承担主体机制。“通过国家最高权力机关、投票或购买等方式,督促各级公共部门或提供公共服务的行政主体,履行其职责并提供优质的服务,以维护公民权益。”第二,建立完善的监督和惩罚机制。缺少监督和惩罚机制的合作往往不能长久,设立特定的协调机构是实现对府际合作监督和惩罚的必要载体。当出现纠纷和争执时,承担裁决职能的协调机构能够及时对违规行为给予惩罚。第三,建立公共服务效能评价机制。新型城镇化既是经济资源向城镇聚集的过程,也是农民变为市民的过程,必须突破现行政策、体制机制上的障碍,着力解决农民进城后的居住、就业、教育、社保等难题。近年来,我国社会领域的矛盾一直突出,主要原因是地方政府不严格执行国家有关法律和政策,中央政府没有足够的权威保证其制定的有关法律、法规、和政策在地方得到落实。因此，要在实施城镇化发展战略中，“创新土地管理制度，创新农村融资体制，创新产业发展方式，创新户籍管理制度、农村社会保障制度，创新城镇管理体制，创新农民就业安居制度，创新流动人口管理和农村公共服务体系”，构建科学的效能评价体系势在必行。府际合作的重点不仅在于各级政府的社会管理权责划分的法制化、制度化、长期化，更在于各级政府推进公共服务过程中的责任意识与风险承担机制。

（四）建立府际合作的干部晋升激励机制与生态补偿机制

从府际合作机制的设计对于府际关系的运作层面来看，可以通过府际合作机制，实现调解争议、宏观调控资源配置的目的。府际合作的效能评价，一方面体现在公共服务的大力提升中，另一方面也体现在对政绩考核和生态保护中。因为究其一点，就是所有政绩的获得是依托生态环境来完成的，因此，府际合作不仅要效益，更要注重生态的保护。2012 年中央经济工作会议提出把生态文明理念和原则全面融入城镇化全过程，走集约、智能、绿色、低碳的新型城镇化道路。推进新型城镇化，要从优化产业结构、能源结构、消费模式等多角度将生态文明理念植入城镇化发展的思维。

加大城镇生态环境建设的力度，提高城镇生态环境的承载力，以良好的城镇生态环境支撑新型城镇化发展，以资源节约型、环境友好型城镇建设支撑新型城镇化发展。第一，实施科学的干部升迁激励机制。“地方政府合作中各项政策、决策和决议的制定与执行都要靠地方干部的身体力行，官员是推进政府各项决策的先行者和组织者。新型城镇化的府际合作必须建立促进区域共同发展的科学的考核体系，变革传统的唯政绩干部考核机制，破除地方行政首脑过度干预和直接操作本地区经济活动的内在冲动”，应按照“五个统筹”来构建新的政绩观考核体系。第二，必须建立完善的生态补偿机制，为生态保护和建设提供强有力的政策支持和稳定的资金渠道，使“在发展中保护、在保护中发展”的思想得以长期、稳定地实施。第三，建立规范的利益补偿机制。通过规范的利益转移来实现公平，它的建立更有利于地区间的协调发展和整个社会生态的全面进步。新型城镇化是生态型城镇化，不同层级的地方政府在合作中必须考虑合作中的生态责任的承担与补偿的问题。不同区域竞争的发展格局中，不免会出现生态破坏的问题，究竟哪级政府来承担发展中的代价应有制度性的规定，要在地方政府间达成区域生态治理的共识，建立地方政府区域生态协作的治理制度。

五、结语

中央政府作为资源分配者，有强势权威，能有效配置资源；地方政府作为资源直接使用者，在法律或政策规定下有较大的自主权，能够在分配者的政策空间中使用资源，有效地治理地方经济社会发展。无论是中央政府与地方政府之间，还是各地方政府之间、各地区政府之间，新型城镇化客观上要求政府构建分享型府际伙伴关系，府际合作价值趋向应是效率、公平、责任的统一。

（作者郭彩琴是苏州大学中国特色城镇化研究中心研究员，苏州大学政治与公共管理学院教授、博士生导师；卓成霞为山东省社科院副研究员）

城镇化加速时期的城乡一体化发展路径：政府与市场互动耦合驱动

朱喜群

【摘要】 城镇化加速时期,城镇化的重要内容是城乡一体化,而政府与市场是城乡一体化的两大核心驱动机制。为此,本文通过理论探源构建出政府与市场各自功能发挥及行为边界的分析框架。运用该分析框架发现,政府与市场失灵造就城乡一体化面临城乡生产要素配置失衡、城市化发展不和谐、农业发展落后和政府行为偏差等实然困境。鉴此,唯有政府与市场良性互动、互补互促以力克对方之不足方是实现城乡一体化的有效路径,即政府着力消除城乡一体化发展的体制障碍,为要素市场化解除制度束缚;政府构建完善农业农村发展支持保护体系,为市场运行创设良好平台;政府要加强自身能力建设以避免政府失败,为弥补市场失灵提供坚实后盾。

【关键词】 城乡一体化　路径　良性互动

十八大报告明确指出,“坚持走中国特色新型工业化、信息化、城镇化、农业现代化道路”,“推动工业化和城镇化良性互动、城镇化和农业现代化相互协调”。同时强调,“城镇化是扩大内需的最大潜力”。李克强总理在十八大后高密度提出,“未来几十年最大的发展潜力在城镇化”。显然,新型城镇化是中国经济转型的思路之一。截至2012年底,中国城镇化率达52%,根据Northam(1975)的城市化过程模型来衡量,我国的城镇化已进入中期阶段。在该阶段,城镇化有个加速发展时期。破除城乡二元体制,从城乡割裂发展转向城乡统筹的一体化发展是城镇化加速时期的必然选择。现阶段城镇化的重要内容是城乡一体化,而政府与市场是城乡一体化发展的两大核心动力源。鉴此,本文通过辨明政府与市场各自职能及其耦合驱动机制,并进一步探讨城乡一体化的实现路径以推动城乡一体化和新型城镇化发展。

一、城乡联系和城乡一体化的内涵透视

城市和乡村是两类异质人群的聚落空间,在城市化和工业化过程中,城乡联

系及其相互作用始终贯穿其中。城乡联系不但内容丰富而且联系方式复杂,朗迪勒里(Rondinelli)认为城乡联系内容包含经济、社会、政治、人口、物质、技术、信息和服务等多个方面。欧肯罗(O'Connor)研究表明,城乡联系主要表现为城乡之间的人口、观念、商品和资金的双向流动。格尔德(Gould)还认为,技术和信息的双向流动也非常重要。科勃(Koppel)认为,城乡联系及其相互作用是一种"独立的社会和空间事实",其发展历程与城市化、农村发展、政治经济社会发展及文化和历史条件密切相关。城乡之间无时无刻不在发生联系和相互作用,城乡之间的要素流动会强化或弱化城乡之间的资源不平等。

恩格斯指出,"城市和乡村的对立是工业生产和农业生产的实际要求",工农业分离形成城乡对立的格局;但当生产力发展达到一定水平后,就要将"农业和工业结合起来,促使城乡之间的对立逐步消失"。显然,城乡联系及其相互作用为其相互转换和融合奠定了基础,城乡融合的最高境界是城乡一体化。城乡一体化是指"在生产力高度发达的市场条件下,城市与乡村结合,以城带乡,以乡促城,互为资源,互为市场,互相服务,达到城乡之间在经济、社会、文化、生态等方面协调发展的过程"。这就要求消除要素和资源流动的人为障碍,赋予城乡居民平等的国民待遇,平等的在产权、就业、教育、社会福利、社会保障和个人发展等方面的权利及发展机会。鉴于城乡联系内容的多面性,城乡一体化不仅指城乡经济一体化,还包括社会及生活方式等多方面的一体化。城乡一体化的目的在于消除城乡对立而非消除城乡差别,恰恰相反,要肯定城乡差别,在城乡保持各自特色的基础上加强两者的协调发展,从而呈现新型城乡格局。

二、城乡一体化发展内在动力源:市场与政府驱动之理论探源及其作用机理

政府与市场是"现代经济体系中的两种元制度,两者跨越的共时性关联构成经济体治理的整体性制度安排"。城乡一体化发展也不例外,政府与市场乃是其内在动力源。

(一)市场驱动之理论探源及其作用机理

市场驱动城乡一体化发展之理论较为丰富,不同理论从不同角度揭示城乡一体化的市场驱动机理。刘易斯的"二元结构"理论主张采取工业化路径驱动城乡一体化。该理论指出,发展中国家经济存在现代工业部门和传统农业部门的二元经济结构,工业部门可从农业部门无限汲取劳动力以满足其扩张的需要进而实现

自身的发展壮大。农业部门在利用剩余劳动力而脱贫后，也将开始获得增长和发展。传统的农业部门逐步转换为现代工业部门，二元经济也就逐步转换成城乡一元经济。费景汉和拉尼斯补充和修正了刘易斯二元结构模型，形成“拉尼斯—费景汉”模型，该模型强调实现城乡一体化需同时重视工业和农业发展这一观点。该理论认为工业部门的扩张不仅需从农业部门获取剩余劳动力，还需农业部门提高劳动生产率，否则工业部门的扩张将陷于停滞。为此，“拉尼斯—费景汉”模型提出在推动工业扩张的同时应促进农业部门的技术进步进而提高农业部门的劳动生产率，最终实现经济的一元化发展。选择性空间封闭理论则秉持通过发展农村形成农村中心区域来促进城乡一体化发展这一观点。该理论认为应选择性地截断城乡要素流动以增强城市向农村的扩散，同时削弱其带来的极化效应，缩小城乡差距，推动城乡协调发展。

由增长极理论和“核心—外围”理论构成的空间极化理论指出，实现城乡一体化的关键在于培育少数主导产业或城市，使其成为增长极，通过增长极扩散带动周边地区经济增长。增长极理论认为，“增长并非同时出现在所有地方，它以不同强度出现于一些增长点或增长极上，然后通过不同的渠道向外扩散，并对整个经济产生不同的最终影响”。这是因为增长极的聚集效应不可能一直持续下去，在这一过程中将同时产生极化效应和涓滴效应。极化效应是指城市凭借自身高工资和高利润从乡村吸引有利于其发展的各种要素与资源，这将扩大城乡差距；而涓滴效应是指城市对乡村的要素输出和扩散，这将有利于缩小城乡差距。随着经济的不断发展，涓滴效应将逐步取代极化效应而占优势地位。城市就是增长极，它通过技术创新与扩散、资本集中与输出、规模经济效益和聚集经济效应将要素向乡村扩散和传导，进而带动乡村的发展。而缪尔达尔提出，城乡差异会引起累积性因果循环，城市由于初始优势将发展更快而乡村地区则会陷入“贫困的恶性循环”。同时，他认为累积性因果循环由回波效应和扩散效应构成。其中，回波效应类似于极化效应，而扩散效应类似于涓滴效应。实证研究表明，工业化初期，极化效应和回波效应占主导地位，加剧发展失衡，导致城乡差距扩大。当进入工业化高级阶段，随着区域的协调发展，极化效应和回波效应逐渐减弱，涓滴效应和扩散效应的影响强度超过极化效应和回波效应而居于主导地位，区域发展最终实现均衡。正如赫希曼所言，“在经济发展的高级阶段，引起平衡增长可能性的正是过去不平衡增长的经历”。不仅如此，政府可通过其自身作用加快涓滴效应和扩散效应的速度。

弗里德曼提出的“核心—外围”理论认为，核心区拥有先进技术、有利的经济贸易政策和创新能力，这些都有利于促使要素和资源集中于核心区，使其拥有较高的创新能力,进而使核心区经济增长较快。外围区则依附受控于核心区,核心区和外围区在空间上表现为二元结构。空间二元结构在经济发展初期阶段日益明显,但是政府在其中的作用及区际人口迁移等将影响创新向外围区扩散的速度和广度,并进一步影响资源配置格局,从而模糊核心区与外围区的界限,并最终使其消失。城市与农村的关系就类似于核心区与外围区的关系,城市居于国家经济系统中的核心区,依据其资本、技术和信息等优势对农村地区的生产要素形成强大的吸引力,而农村则依附受控于城市,在发展中处于不利地位。但是,城市在增强自身经济实力的同时,通过资本、信息、商品和交通等系统与周围地区紧密联系,促进其周边地区和农村的发展。这是一个渐进的过程,政府可加快这一进程。由此可见,空间极化理论主张通过工业化和城市化来驱动城乡一体化发展,同时强调政府在其中所起的作用。

麦基的 Desakota 模型指出,城乡一体化除了存在城市向农村辐射的内在拉力外,还有农村非农化这一内在推力,城市化的拉力和农村工业化的推力交互作用,促使形成“城市和乡村界限日益模糊,农业活动和非农业活动紧密联系,城市用地与乡村用地相互混杂”的城乡一体化空间组织结构形态。这种空间组织形态处在不断变化中,其最终发展趋势是城乡一体化。在此基础上,道格拉斯(Douglass)进一步提出,农村的内在推力主要是通过其自身的一系列“流”和城市向农村辐射扩散的一系列“流”交融汇合,从而导向良性循环的城乡联系。这一过程的实质是一定区域内有序的、城乡相互联系的系统化过程,在此过程中形成网络功能效应,最终导向城乡一体化的实现。显然,两者的理论都强调农村工业化是城乡一体化的内在动力源。

除此以外,“配第—克拉克定理”和钱纳里的“就业结构转换理论”指出,产业结构转换对城乡一体化发展具有重要的推动作用。英国经济学家配第和克拉克先后分析得出如下结论:随着一国经济的不断发展,劳动力将从第一产业转向第二产业、而后又转向第三产业。钱纳里进一步提出,当人均产值达到刘易斯转折点时,工业化进入加速发展阶段,在该阶段,经济将协调发展,二元结构消失。由此可见,产业结构调整对于促进城乡一体化发展亦十分重要。

(二)政府驱动之理论探源及其作用机理

新制度经济学研究表明,制度和产权对经济发展至关重要,同理可见,制度和产权对城乡一体化发展亦十分重要。诺思认为,“制度是一系列被制定出来的规则、守法程序和行为的道德伦理规范,它旨在约束追求主体福利或效用最大化的个人行为”。制度所建立的基本行为规则引导和约束着所有组织和个人的行为,包括个人财产权和公共物品的社会处理方式、对收入分配和资源分配效率的影响。“制度被视为一种具有经济价值的服务的供给者”，具体而言，它具备“降低交易费用”，“影响生产要素所有者之间的配置风险”，“提供职能组织与个人收入之间的联系”，“确立公共物品和服务的生产与分配的框架”等经济功能。

制度安排最接近于通常所说的制度的含义，它是指“支配经济单位之间可能合作与竞争的方式的一种安排”。它至少具备下列目标：“提供一种结构使其成员的合作获得一些在结构外不可能获得的追加收入，或提供一种能影响法律或产权变迁的机制，以改变个人（或团体）可以合法竞争的方式。”就城乡一体化而言，在多数国家的经济发展过程中，城乡二元结构都存在。而中国二元结构区别于其他国家的一个显著特点是，由于制度安排的原因，中国的城乡不单是二元结构，还是城乡割裂的二元体制。

制度是在特定社会环境下运行的，社会环境的变化将导致制度的变化，即制度变迁。制度变迁意味着效率更高的新制度代替旧制度。制度变迁能否发生，取决于变迁的成本和收益，当预期净收益超过预期成本时，一项制度安排就会被创新。在新制度经济学视野中，制度变迁被视为交易过程，交易是制度的基本单位，无数次的交易构成制度的实际运行。交易不是零成本进行的，而是有成本的。有效的制度安排将有利于降低交易费用，因而制度变迁将再分配收益和转移利益。制度变迁有诱致性制度变迁和强制性制度变迁两种模式。诱致性制度变迁是指“一群（个）人在响应由制度不均衡引致的获利机会时所进行的自发性变迁”，强制性制度变迁是指“由政府法令引起的变迁”。为实现城乡一体化，破除城乡二元体制藩篱是必经之道。这意味着制度变迁必然发生，新的制度安排必然替代旧的制度安排。在此过程中，城镇化、工业化和农业非农化必将引发利益的调整，进而诱发制度变迁，与此同时，政府高屋建瓴主动实施强制性制度变迁，降低城乡一体化进程中的交易费用和制度成本。诱致性制度变迁和强制性制度变迁双管齐下，两者相互配合并共同作用。

“在影响人的行为决定、资源配置与经济绩效的诸制度变量中，产权的功能极其重要”，“产权是一个社会所强制实施的选择一种经济品的使用的权利”，包括对资源的使用权、转让权和收入的享用权。衡量产权的权能是否完整主要通过判断所有者是否具有排他性和可转让性来进行。产权的重要性在于它能帮助人们在交易时形成合理的预期，其主要功能在于能“导引人们实现将外部性较大的内在化的激励”。产权的清晰界定是有效率的经济组织建立的基础。城乡一体化过程涉及土地的使用权和所有权变更，尤其是农民对自己所承包的土地和宅基地的产权变更，其产权的界定构成人们的行为动机，影响个体和政府的相关行为。然而，目前农村农民的土地产权、宅基地乃至宅基地上的房屋产权模糊不清，亟待制度对于这些产权的明确界定，以减少外部成本，降低交易费用，引导个人和组织的行为，为顺利实现城乡一体化奠定基础。

然而，公共选择理论和委托代理理论认为，政府行为本身可能存在政府失败。政府失败使得政府尤其是地方政府所制定的制度和产权未必能十分有效地促进城乡一体化发展——有时甚至会阻碍城乡一体化发展。公共选择理论将经济学中的"经济人"假设移植于政治领域，认为"当个人由市场中的买者或卖者转变为政治过程中的投票者、政治家、纳税人或官员时，他们的品性不会发生变化"。政治活动的参与者理性地追求自身利益的最大化，政府官员在政治市场上寻求自身的最大政治利益而非公共利益或社会目标。官员的效用函数包括"薪金、职务特权、名望、权力、地位、部门绩效、自由感、成就感"。政府行为是各种追求自身利益最大化的特殊利益主体形成的过程，而非对公共利益进行选择的过程。正因为如此，为弥补市场失灵的政府干预行为往往也存在局限性，这种局限性又称政府失败。政府失败通常指个人对享用公共物品的需求得不到满足，公共部门提供公共物品时存在资源浪费和效率低下等问题，政府行为不总像其应然或理论所描述的那样"有效"。政府失败主要体现为公共决策失误、政府活动低效率、政府机构膨胀及其寻租活动。治理政府失败的基本方法，一是限制国家权力的增长，二是财政立宪。在城乡一体化进程中，为避免政府行为失效，避免其侵害个人利益，就必然要求提高社会民主程度、加强民众对政府的监督，在公共物品供给中引入竞争机制，更好地满足城乡居民对享用公共物品的需求。

委托代理理论从另一侧面对地方政府行为偏差给出了有力的解释。由于信息不对称、不确定性，交易费用及委托人和代理人目标函数存在差异，代理人会为私利而利用自身所拥有的信息优势使其行动不总是有利于甚至是损害委托人的利益，引发逆向选择和道德风险问题。该理论也被广泛应用于政治领域，因为政治领域中存在多重委托代理关系，因而，委托代理问题大量存在于公共领域。对此，休斯就曾指出，"如果说私营部门中也存在着代理问题，在公共部门中则更为严重"。政府目标的多元性和各类目标时常发生的相互冲突，导致政府委托代理问题更普遍且更难解决。在中国，中央政府是各级地方政府实质上的权力源泉，各级地方政府及其官员必须接受上级政府考评机制的考核，同时，地方政府负责实施绝大多数经济事务，由此上下级政府间存在委托代理关系。地方政府是代理人，它们实际上控制着辖区内的绝大部分政治资源、行政管理权及大部分经济资源，为博得上级政府的认可和晋升机会，在向上级政府反馈信息时定然隐瞒不利信息而只传达对自身有利的信息。上下级政府的委托代理关系会促使下级政府面对上级政府政策时采取选择性行为，导致上级政府的目标不能实现或不能完全实现。这个问题同样出现在城乡一体化的政策实施过程中，中央政府的城乡一体化政策明确，但各级地方政府可能出于各自利益而加以选择性地贯彻执行，从而影响城乡一体化政策的贯彻和目标的达成。

三、市场和政府失灵造就的当前城乡一体化发展的实然困境

工业化进程初期市场表现出有利于城市和工业而不利于农村和农业这一状态，自然分化城乡形成城乡二元结构。然而，中国城乡二元结构的特性的形成，除受“自然分化”作用外，还受政府制度安排的“人为分化”的作用，即市场化自发形成的城乡二元和特定历史背景下政府制度安排形成的城乡二元叠加，导致城乡割裂，形成城乡二元体制。这使得实现城乡一体化新格局面临着不同寻常的实然困境。

（一）城乡生产要素配置失衡

生产要素自由流动对经济、社会和政治发展具有多重重要意义。劳动力是生产要素的重要组成部分，其开发利用效率对经济效率有着深刻的影响。随着改革开放、工业化和城市化的推进，在核心区的市场效应和集聚效应的作用下，在农村生产率提高和农村剩余劳动力的“推力”与城镇收入差距逐渐拉大、城镇劳动力需求逐渐加大的“拉力”作用下，劳动力在大范围内大规模地从农村流向城镇。然而，劳动力市场分割和劳动力流动障碍仍广泛存在，这既有政府制度的因素，又有知识、技能等市场因素。除市场的二元分割外，“劳动力市场的城乡分割为中国所特有”，表现为因城市偏向政策、农村土地制度和与教育、就业、社会保障密切相关的户籍制度所形成的城乡分割。这导致城乡劳动力在获得就业机会、就业报酬、教育培训机会和社会保障方面存在明显差异。同时，农村土地产权的不稳定性和城市准入限制迫使流出农民在城乡之间或部门之间不断往返。统筹城乡一体化发展中对劳动力市场的一系列改革对城乡劳动力分割有所弱化，但距消除尚远。

不仅如此，农村富有技能、文化素质较高的劳动力易于从农村转移至城市，导致农村人力资本大量流失。农村存在剩余劳动力但并不存在剩余人力资本，相反，农村的人力资本往往是极度缺乏的。农村人力资本的缺失影响着农业新技术的应用和扩散及农业生产率的提高，也影响着城市向农村的扩散进程。

土地是各项政治、经济、社会活动的载体，是必不可少的生产要素。在中国，

土地所有权存在城乡二元体制,即城市土地为国有而农村土地为集体所有。城市土地可进行市场交易而农村土地却不能进行市场交易,农村土地要进入市场交易必须通过政府征收这一程序。农村集体土地制度不仅造成土地征收“在征地范围、征地补偿标准、征地程序和对征地农民的安置等方面存在诸多缺陷及政府在很大程度上侵占了农民土地用途改变的增值收益”等问题,还导致农村土地产权主体不明晰和权能不充分等弊端。农村土地的产权缺陷使得农村土地不能转让、抵押、出让、出租,最终使得农村土地无法流转。农村土地不能流转,就难以实现农业适度规模经营和农业现代化进程。农村土地流动性的缺乏限制着土地的资本化和货币化,制约着农民收入的增加和农民市民化能力的提升。

资本市场也存在城乡二元分割,城乡金融发展严重失衡。农村金融资源持续大量地流向城市,农村金融发展困境日趋严重。农村金融信息严重不对称,农业的产业弱质性、农村社会信用体系不完善及信用缺失、农民缺乏有效的抵押物,以及农村金融生态环境落后等因素都在不同程度上增加了农村金融成本和金融风险。这诱发金融资源大规模撤离农村,导致农村金融资源匮乏。金融机构通过“五斥”,即地理排斥(少设网点)、风险排斥(风险评估严格)、条件排斥(信贷条件苛刻)、价格排斥(信贷利率较高)和营销排斥(营销手段不同)来减少甚至避免向农村、农民和农业提供金融服务。究其原因,一方面是由于政府长期实施工业化和城市化优先发展政策,政府金融市场建设、金融改革及财政投资都倾向于城市,虽然近几年政府开始实施农村金融支持政策,但由于路径依赖,政策效果甚不理想。另一方面,市场机制驱使金融资源从金融生态环境差的农村流向金融生态环境较好的城市以逐高利。金融和经济相伴相生,经济增长形成金融需求,金融又通过推动资本积累和技术创新来促进经济增长。因此,农村金融滞后阻碍着农村资本的形成及其配置,制约着农村工业的技术创新,最终影响农村经济的发展,使得农村陷入经济发展缓慢和金融发展滞后的恶性循环。

(二)城市化发展不和谐

党的十六大报告指出走中国特色城镇化道路,首次将加快城镇化作为发展农村经济和解决“三农”问题的根本途径,跳出就“三农”解决“三农”的常规思路。一方面,城市辐射周边农村促进农村经济发展,增加农民的收入。城镇化不仅使进城的农民收入提高,而且也使留守务农的农民因可实现规模经营而提高收入。另一方面,城镇化是农村人口不断转移至城镇的过程,即农民的市民化过程,城镇化进程的加快可减少农民,而减少农民是繁荣农村经济的核心环节。发达国家也是通过城镇化来解决“三农”问题的。如日本在第二次世界大战后农业人口减少了65%,美国在城市化过程中农业人口减少了72%。

然而,中国的城市化发展不和谐。一是中国城市化发展进程长期缓慢,城市化进程长期滞后于工业化进程。2012年,中国GDP中第一、二、三次产业结构分别为10%、46.4%和43.4%,而农村人口依然占总人口的48.7%,这与农业产值在GDP中的比例极不相称。况且,城镇人口还包括在城市暂住的农民工,而农民工并未真正城市化。如不包括未市民化的农民工,则中国的城市化率更低。与此同时,中国城市化速率也远远低于工业化水平大体相同时的日本、韩国和我国台湾地区。由此可知,无论从本国产业结构还是从国际比较来看,中国城市化发展进程长期缓慢。二是中国城市化发展不完全、不彻底。“改革滞后的户籍制度给进城务工设置人为障碍,使农民变成‘半城市化’群体——农民工”,农民工持暂住证居住在城市,演绎出不完全、不彻底的城市化。户籍制度使农民工在就业、社会保障、子女教育及居住等方面未能真正纳入城市体系。农民工非市民化和农民工生活保障制度发展不健全引发的“候鸟型”农民工,农村数以千万的留守儿童和留守老人,普遍贫困的农民工等的存在,都展现出不完全、不彻底的城市化。三是空间城市化快于人口城市化。地方政府在土地财政的驱使下,热衷于扩张城市空间和扩大城市规模。同时,地方政府又为农民工城市化设置重重障碍,导致人口城市化滞后。“2000—2011年,我国城镇建成区面积增长了76.4%,而城镇人口只增长了50.48%”,“城镇人口密度由8500人/平方千米降至7300人/平方千米”,大量农村人口难以享受城市化和工业化成果。

缓慢、不完全的城市化使大量剩余农业人口滞留在农村进行分散的耕种,这使得农业的机械化、规模化和产业化难以实现,直接制约农业现代化的实现和农民收入的提高,阻碍农民消费需求的增长,而其又反过来阻碍城市的发展,影响城市辐射反哺农村,进而成为城乡一体化发展的机制性障碍。

(三)农业发展落后

农业人口众多,基数庞大且质量偏低。农业人口所占比重虽说逐步下降,但仍高于世界农业人口所占比重。2011年年底统计数据显示,中国农业人口占总人口比重达48.73%,较世界农业人口比重的48%高。而且,中国农业人口绝对数量依旧很大,2011年年底统计数据显示,农业人口仍达6.57亿。此外,农民所受教育较少,文化素质和科技素质偏低,况且其中素质相对较高者多数都进城打工,留在农村务农的绝大多数是妇女、儿童和老人(即所谓“三八六一九九部队”),这使得农业仍保持传统生产方式,影响农业新技术的应用与推广速度,农业生产率低。

不仅如此,农民分享的农产品利润少,农业收益低。中国的工业化和农业化已发展到一定水平,这本应能够提高农产品价值增值空间并由此促进农业和农村发展,增进农民收益。然而,在制度及市场作用下,农业发展落后,农业收益低。在整个农产品价值链中,农产品生产者“承担较大部分农产品生产成本,分享较少的农产品利润”,加工商和零售商则相反,它们“承担较少的农产品生产成本,分享较多的农产品利润”。究其原因,一是因为农户分散生产与经营,由此造成农业规模小和农业科技能力弱,外加其内部相互竞争激烈,导致其在市场上处于弱势地位。二是农产品生产者在整个农产品价值链中处于低端,附加价值低。三是农业产业科技层次低。农业机械化程度低下,农户规模小、资本弱引发农业科技和创新能力不足,竞争力弱。而一旦农业实现工业化和产业化,农产品由初级产品加工延伸为中级乃至高级产品,将增加附加值并提高农业收益。

与此同时,随着经济发展和城市居民收入提高,他们对农产品质量和安全要求更高,对农产品的消费需求升级。但是,以家庭生产与经营为核心的分散型农户难以及时洞悉农产品需求的市场变化,其供应的产品结构也就难以与市场有效衔接。这就需要农户集体行动,发展农民专业合作组织,从而促进农业资金、技术、人才及信息等要素集聚,改善农产品供给结构,实现规模经济效应,激发农业生产方式转变和农村生活方式转变。遗憾的是,目前中国新型农民专业合作组织少,农业组织化程度低,难以适应城市化和工业化发展带来的对农产品质量与结构转换的要求。

(四)政府行为偏差

政府官员也是理性的“经济人”,他们也具有自利倾向,这使得其在制定政策和执行政策时有谋求个人利益的动机。中国经济是典型的“政府主导”经济赶超发展模式,为实现经济赶超目标,政府必然优先发展工业,同时将经济增长作为官员绩效考核的一个极为重要的指标。这样一来,为了政绩和政治晋升,实施优先发展工业及由此导致的城市化倾向政策就成为各级政府官员的内生选择。此外,1994年开始的分税制改革进一步强化了政府的工业化和城市化倾向。分税制改革削弱了地方政府在地方税收中的分成比例,但地方政府事权却未有变化,由此造成地方政府财源紧张。与此同时,农业对经济增长的贡献会随着经济发展水平的提高而趋于下降。为此,有着自利倾向的地方政府为了财政和政治绩效势必选择城市与工业倾向的政策。

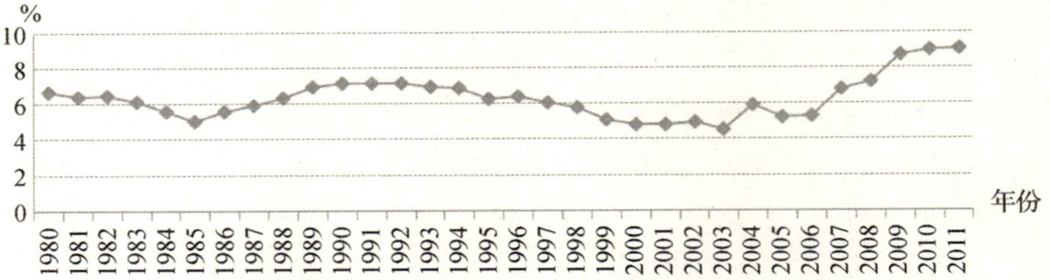

1980 年—2011 年中国财政支农支出占财政总支出比重

资料来源：根据 2012 年《中国统计年鉴》整理而得

地方政府的城市和工业倾向导致农业投资不足。改革开放以来，财政支农支出的绝对规模不断增加，从 1980 年的 82.12 亿元增加至 2011 年的 9937.55 亿元，但财政支农支出占财政支出比重偏低，而且从 1990 年至 2003 年，该比重呈下降态势。直至 2004 年中央连续发布以"三农"为主题的一号文件，情况才得以改观，自 2005 年起，财政支农支出占财政支出比重才开始呈现出持续增加的态势。

地方政府的城市和工业倾向还导致农业用地过度征用。土地征用是农业用地非农化的唯一途径，可农民对农业用地存在产权残缺及保护弱化，这引发政府征地成本较低。因而农业用地非农化后，政府可享受由土地资本增值带来的高额收益。据估计，农业用地非农化后，农民所得只占土地出让成本价的 5%～10%，村集体组织得 25%～30%，地方政府能得 60%～70%。显而易见，成本因素对政府征地的制约力不强，土地征用主要受地方政府利益驱动。地方政府征用土地既能发展经济，彰显政绩，又能增加财政收入，其结果是农业用地过度征用。中国耕地自 1980 年至 2007 年减少了 6.411 亿亩，相当于一个中等国家的国土面积，全国土地出让金在 1993 年仅有 300 亿元，2011 年则达 2.7 亿亿元。农业用地过度征用进一步引发农业用地非农化加速、土地粗放利用、农民"三失"（失地、失业、失保）及城市"摊大饼"式的外延扩张等极不利于城乡一体化发展的问题。

四、政府与市场良性互动促进城乡一体化发展

中国城乡二元结构是"自然分化"和"人为分化"共同作用的结果，这就表明，消除城乡二元分割格局、实现城乡一体化不仅需要市场还需要政府。然而，市场是不完全的，政府也是不完全的。因此，实现城乡一体化的关键在于不完全的市场和不完全的政府进行良性互动，在各自功能框架内发挥自身优势，互动互补以力克对方之不足。

（一）政府着力消除城乡一体化发展的体制障碍，为要素市场化解除制度束缚

中国城乡一体化发展面临着体制沉疴，"解铃还须系铃人"，体制障碍仍需政府着力予以消除，为要素市场化解除制度束缚。首先，政府必须加速进行户籍制度改革。结合各级政府财力，逐步剥离户籍所隐含的各种公共福利，尤其是将教育、养老和医疗与户籍脱钩，实行居住地管理的居民身份管理制度，使户籍制度成为基本的人口统计制度。户籍制度城乡一体化将有助于城乡劳动力市场一体化。推拉力理论表明，劳动者会比较自身在城市与农村所获报酬来选择是否流动及流动方向，从而提高劳动力的配置效率。其次，深化农村土地制度改革。当务之急是对农村集体土地和农民土地确权颁证，还权于民，完善农民土地权利。这将使农民获得完整的土地使用权、流转权、转让权和收益权，使农民成为真正的产权主体和市场主体。在此基础上，农村持证主体在不改变土地用途和城乡规划的前提下，可将土地用于出租、抵押、转让和出售，也可作价入股或折股从事合作经营或股份经营，以获取土地的资本化收益。这样，农村最重要的资源土地便可在市场机制下实现自由流转。农村土地自由流转便于规模化经营、便于土地和农业资本结合，进而为实现农业规模化和产业化创造充分条件。

（二）政府构建并完善农业农村发展支持保护体系，为市场运行创设良好平台

相对于工业，农业具有产业弱质性。政府应致力于匡正市场在农村发展中的局限性，构建并完善农业发展支持保护体系。这就要求政府加大"以城促乡、以工哺农"的力度。一是加大财政支农力度，调整财政支农资金分配结构。一方面，各级政府财政支农资金要保持高于经常性收入的增长幅度，加大对农村和农业的财政补贴与投资力度；另一方面，财政支农资金要更多地用于农村和农业基础设施建设，建立农业科技服务支撑体系，为提高农业效益提供良好的硬件设施和服务水平，减少直接干预农业生产的支出，以培育农业的市场调节机制。二是加强对农业主体的培育，尤其要扶持农业龙头企业，培育农业产业化主体，加强对农民组织化的引导，提高农民生产的组织化水平，进而提高其市场参与能力，以降低市场所带来的不利冲击。三是构建城乡一体化的社会保障体系，加大对农村基本公共服务的供给，逐步实现城乡基本公共服务均等化。城乡差距悬殊的一个重要表现就是城乡基本公共产品和服务供给长期不均衡，广大农民无法享受城市居民所享受的为数众多的公共服务。因此，必须加大对农村教育、医疗和养老等基本公共

服务供给。解除农民的后顾之忧,既可增强对其教育和培训的投入,提高其自身素质和人力资本,提高其参与市场的能力,又可增强其抵抗参与市场所蕴含的风险,从而增强农民市民化的能力并加速城镇化进程。四是建立和发展农村金融服务体系,引导资金向农村倾斜。扶持建立多层次的农村金融机构网络,帮助各农村金融机构定位职能,健全农村保险体系,以此加大信贷资金对“三农”的支持力度。

不过,在农村基础设施和公共服务供给方面,政府并非要独自供给,而是可借助市场和非营利组织来提供,形成政府、市场、非营利组织和自愿组织的多元供给机制。多元供给机制的形成既有利于发挥各主体的积极性,又有利于市场作用的发挥,大大提高了供给产品和公共服务的供给效率。

（三）政府要加强自身能力建设以免政府失败,为弥补市场失灵提供坚实后盾

政府农村制度和农村政策往往因政府能力不足甚至能力低下而导致失灵。贾斯特·法兰德等指出,政府支持农业的能力有限,农村和农业发展政策的不完善常常源于政府自身。为加强农业和农村发展,实现城乡一体化,政府需对自身行为进行纠偏并进行相应的管理体制改革,以加强其自身能力建设。一是改革政府官员考核评价机制。考核评价体系对官员的政策制定及其行为实施具有导向性作用,为此,应削弱 GDP 在考核中的比重甚至取消 GDP 考核指标,加大农村和农业工作在考核评价体系中的比例,以纠正地方政府的城市倾向政策,引导其重视农村和农业工作。二是改革纵向政府职责分工体系。地方政府出现行为偏差的一个重要原因是其“财权”和“事权”不对等,“财权”存在上移而“事权”却存在下移,农村和农业支出更多地落到地方政府甚至基层政府身上,导致相关投入不足。鉴于此,政府必须合理划分各级政府的职责关系,调整政府财政预算的结构,加强对县级政府的一般性转移支付,扩大县级政府的财政能力,以加大对“三农”的投入,实现财权和事权相匹配。在条件成熟的省份实施省直管县财政体制,以扩权强县强镇,增强县级政府的财政能力,扩大农村公共财政覆盖范围。三是理顺政府各部门的职能分工。各级政府有关“三农”工作职责分工模糊,部门存在职能分割的同时,又存在职能交叉,政府部门除“农口”外其他部门对“三农”工作的支持和管理不到位。因此,政府需打破部门分割和部门交叉,理顺部门尤其涉及“三农”部门的职责分工,形成“农口”部门和“非农口”部门协同运转,共促统筹城乡发展的局面。

（作者为苏州大学政治与公共管理学院讲师）

城镇化与城乡治理领域

协同推进与全面发展农民集中居住系统的功能分析及其优化

叶继红

【摘要】 运用功能分析法,对农民集中居住问题进行分析,结果表明,推进农民集中居住既有正面的积极功能也有负面的消极功能。正功能表现在:促进了土地资源的优化配置,有利于集约配置农村基础设施,改善了农民的居住环境,推动了农村城镇化,促进了农业产业化发展。负功能表现在:强行推进集中居住容易导致大拆大建,形成形式主义倾向,导致农民利益受损,使得农民生活成本提高,给农民的生产和生活造成不便,破坏了乡村自然风貌和乡土社会文化传统等。基于此,推进农民集中居住应发挥系统的整体功能,强化系统的正功能,以及加强农民集中居住工程的绩效评估工作。

【关键词】 集中居住系统　功能　优化

功能分析是指探寻某一现象在一定社会系统中所发挥的作用或影响。对农民集中居住系统进行结构和功能分析有助于从整体上了解农民集中居住系统的内部构成及其相互关系,认识推进农民集中居住所能产生的结果和影响,因而对优化农民集中居住系统有重要意义。

一、功能分析的一般方法

功能分析范式主要是由社会学功能学派发展出来的一种理论和方法。功能学派人类学家马林诺斯基(Branislow Malinowski)较早提出了"功能"和"需要"的概念,并将二者联系起来进行考察,他认为"所谓功能,就是一物质器具在一定社会制度中所有的作用以及一种风俗和物资设备所有的相互关系",而"任何社会制度都针对某一根本需要"。也就是说,人们在追求满足生理的、社会的和心理的需要的过程中形成了经济制度、社会制度和宗教制度等。反过来,这些制度的产生实际上是为了解决人类生活的根本需要。人类在各种需要的刺激和推动下,不断创造出新的文化要素并不断扩大文化要素的功能价值。因此,可以说,任何一种文化现象，不论是抽象的社会现象，如社会制度、风俗习惯、思想道德等，还是具体的物质现象，如木杖、工具器皿等，都有满足人类实际生活需要的作用，即具有一定的功能。它们中的每一种现象都与其他现象互相关联、互相作用，都是整体中不可分割的一部分。

后来，经验功能主义者、社会学家默顿（Robert K. Merton）进一步发展了功能分析范式。在默顿看来，功能指一种社会现象对其所在社会系统的可观察到的“客观结果”，是一个中性的概念。在对以往功能理论家的理论尤其是功能普遍性观点进行批判的基础上，默顿注意到，在以往的分析中，功能主义者往往强调正功能，即某一结构要素或某一行动对社会协调或系统整合做出的贡献。针对这一点，默顿指出：应避免功能分析集中于正面功能的倾向，要将研究者的注意力引向其他后果，如负功能（dysfunctional），即“观察到的那些削弱系统之调适的后果”。由此可知，在任意一个既定的情形中，某一事项可能兼有正功能和负功能的后果。无论是正功能还是负功能，有些功能后果被系统主体认识了并确认了，因而是显性的；另一些后果则没有被认识和确认，因而是潜在的。前者是指被系统参与方期望和认可的客观后果，后者是指未被系统参与方期望和认识的客观后果。于是就有了正功能与负功能、显功能（manifest function）与潜功能（latent function）这些更为细致的用于功能分析的概念。这样，在分析社会文化事件“对个人、群体及较大的社会结构和文化”产生的各种结果时，就需要对不同类型的功能有所区分（乔纳森·特纳，2001）。

二、农民集中居住系统的功能分析

根据社会学家默顿的功能分析范式，任何事物既存在有利于社会的正功能，也存在不利于社会的负功能。这一功能分析对于农民集中居住问题也是适用的，农民集中居住既有正面的积极功能，也有负面的消极功能，因此，需要从正负两方面的效应来全面认识农民集中居住问题。

（一）正功能

1. 促进土地资源的优化配置

城市化是人类社会发展和进步的必然趋势。城市化过程本质上是资源空间配置优化的过程，土地资源也不例外。城市的发展必然对土地的集约利用提出要求。

当前我国农村居民点用地总体上处于粗放利用状态，土地浪费现象严重。农村居民点大多是在社会经济发展过程中,农民为了方便生产和生活,简单集中、定居后逐步形成的。从居民点用地来看,主要存在以下问题:第一,农村居住比较分散,居民点数量多,有的村可能只有几户人家;第二,居民点大多是围绕原有自然村扩展而成,缺乏统一规划;第三,大部分住房为院落式的平房或二层楼房,建筑容积率较低,宅基地和居民点占地过多;第四,在有些农村,农民在公路两旁重建新房的现象较为普遍,导致一户多宅、空关房等频现;第五,农村居民点废弃空闲地较多,村庄中猪舍、牛棚、粪池、废弃晒场等占用了不少面积,从而造成居民点内部存在大量空地、实际居住用地比例较低的问题。一方面,农村居民点土地浪费现象严重;另一方面,农村土地在效益比较低下的情况下,又出现了农田的抛荒和废弃,土地处于粗放利用或闲置状态。在这种状况下,迫切需要采取拆村并居、推进农民集中居住的方式以提高土地的利用率。农民集中居住后让出原有的宅基地,可以盘活农村潜在的土地资源,增加土地资源的储备。这些土地可以满足各产业部门在城市化进程中的用地需求,有效缓解各部门之间的争地矛盾,有利于提高各部门的生产效益,实现土地资源的优化配置和城乡建设用地空间布局的优化。

2. 有利于集约配置农村基础设施

对农村地区进行基础设施建设离不开人口的适度集中。"只有具备一定人口密度的地域,公共服务诸项目方可顺利展开",基础设施建设成本与投资收益的问题才会合理解决。然而,由于我国农村居民点建设基本上处于自发性发展状态,为了农田耕作的便利,农民通常依田而居,从而形成了满天星式的农居点体系格局,这种分散的居住方式显然不利于国家对农村进行基础设施建设,如果进行投资建设势必造成资金的极大浪费。这是因为,"要为全国居住在 60 万个行政村、500 万个自然村的 9 亿多农民提供水、电、气、路、网、邮和教育、医疗、养老、消防、安全、健身娱乐等服务非常不经济"。随着我国城市化的加快,未来在乡镇、集镇以下居住的农民将大为减少,因而全面投资建设农村基础设施不太现实也根本没有必要。因此,迫切需要通过农民集中居住的方式来集约配置农村基础设施。

实施农民集中居住工程有利于节省投资,提高资金利用率。在政府财力有限的情况下,投入必须讲求效益。通过引导农村人口向一些中心村(镇)集中,能够将有限的资金重点用于中心村(镇)的基础设施建设,改造农村道路、供水、供电、供气、通信设施等,从而避免新农村建设中由于村庄过于分散而造成的基础设施建设的巨大浪费。据专家估计,实行农民集中居住可使基础设施投资至少节约一半。反过来,从消费的角度来看,投资是为了消费,如果对建成的基础设施很少使用或利用率很低，说明这是一种浪费，而“集中居住则能在很大程度上增加单位成本公共物品的消费”，从而使公共物品的社会受益最大化。

3. 改善农民的居住环境

居住环境是反映居民生活质量的一个重要方面，居住环境的质量直接影响居住者的身心健康。正如日本学者早川和男所言，“居住环境对个人、对社会都有影响。住宅结构的恶劣，场所拥挤和不卫生，街道充满了噪音、废气和危险，没有自然，等等，这样的居住环境妨碍儿童身心的健康发育；成人也好，儿童也好，无法安心和舒心；老龄人无法老有所乐”。推进农民集中居住的目的之一，就是改善农民的居住条件。集中居住区在建设之初，按照城市居住小区的建设标准和要求，在房屋结构、道路交通、通信设施、供水排水、垃圾处理等方面进行了整体规划和统一建设。居住区不但基础设施配备齐全，而且教育、医疗卫生、文化体育、商业网点、金融邮电和市政公用等各种公共服务设施也应有尽有，从而形成了高起点、高标准、高质量和现代化的居住小区。

4. 推动农村城镇化

20世纪90年代以来我国出现的“民工潮”现象表明，城市化是中国现代化发展的必由之路。然而，农民工涌入大城市所造成的“城市病”也表明，农村剩余劳动力全部转向大中城市并不是一条切实可行的途径，而就地式的农村工业化和农村城镇化才是我国转移农村剩余劳动力最主要、最合适的途径。

农村城镇化就其本质而言，是通过农业产业化和农村工业化，促使农业人口脱离农业，转向第二、第三产业，并向城镇集中，从而使城镇人口比重逐渐增大的过程。这就是说，农村城镇化离不开产业集聚和人口集聚，产业的集聚会带动人口在某一产业或某一区域的大规模聚集，进行专业化生产，形成工业区；与此同时，人口集聚又引致需求的增长，带动第三产业发展，从而促进城镇发展。这是因为，只有人口、产业向城镇集聚，才会带动商贸、餐饮、旅游等产业的发展，以及科技、文化、教育和信息服务等新兴产业的发展。因此可以说，城镇化就是“人口的集聚、产业的集聚和消费的集聚”的结果。随着城镇第二、第三产业的发展和集聚功能的增强，更多的农民将被吸引到城镇就业、居住。因此，借助于农民的适度集中居住，对原先的村庄进行撤并，同时建造一批设施配套、功能齐全、环境优美的农民集中居住区，实现农民的非农化和就地市民化，对于推进农村城镇化和抑制大城市过度膨胀具有积极效应。

5. 促进农业产业化发展

当前，在大力推进和发展农业产业化经营中，客观上要求土地适度集中和规模经营。通过实施农民集中居住，能够将分散的、有限的土地集中利用起来，进行综合性、规模化开发，推动农业的产业化经营、规模化生产与加工，促进传统农业向现代高效农业发展。农业产业化是在市场经济体制下应运而生的一种全新的农业生产经营形式，是在更大的范围和更高的层次上实现农业资源的优化配置与生产要素的重新组合，是对传统农业生产经营体制的根本性变革。通过土地集中和规模经营，可以形成种田大户、养殖大户、家庭农场、合作农场等规模化的农业生产经营形式，促进农业的产业化发展。

（二）负功能

1. 容易导致大拆大建，形成形式主义倾向

推进农民集中居住是一个长期渐进的过程，不能急于求成，也不能搞“政绩工程”。然而，在一些地方，农民集中居住被片面地理解为“大量投资建新村，大拆大建搞集中”，因此出现了不顾客观实际大拆大建，不顾实效搞形式主义的倾向。“三农”问题研究专家温铁军也指出，目前各地在贯彻新农村建设中出现的最大偏差就是按照城市的样子“大拆大建”盖房子。为了追求“成效”，不管条件是否具备，也不管农民愿不愿意，推倒农民原来的住房，强迫农民“上楼”。一些地方把原先风景优美的道路、河道全改成直马路、直河道，盲目克隆城市的广场、草坪、运动场，等等。这些做法一旦盛行，就会把农民原先辛辛苦苦建设的房屋和村庄基础设施等毁掉，造成不必要的浪费和损失。这是因为，对于房屋更新周期已到或出于其他原因需建新房的农户来说，搬迁成本比较小，而对于近些年刚建新房的农户来说，搬迁成本巨大，负担加重。因此，片面追求形式和错误的政绩观，使农民集中居住工作偏离了正确的方向。

2. 强行推进集中居住导致农民利益受损

推进农民集中居住是事关千家万户切身利益的惠民工程。集中居住的目的就是改善农村的生产生活条件，让农民过上幸福舒心的好生活。然而在一些地方，由于土地能够生财，政府部门于是打着新农村建设的旗号，不管当地是否具备集中居住条件，强行征地拆迁，推进农民集中居住。在农民被集中“上楼”的过程中，农民世代耕作的土地和居住享有的宅基地被轻易地拿走了，而政府给予农民的补偿相对偏低且补偿不到位，农民无法公平地享受到土地的增值收益，土地财产的所有者被轻易甩出经济增长的过程之外，导致其利益严重受损，引起农民的不满。

以宅基地换房为例，据报道，作为新农村建设“宅基地换房”的先行者，华明镇

出台政策规定农民可以按照规定的置换标准，用宅基地换取小城镇内的一套住宅，迁入小城镇居住。通过宅基地换房，华明镇农民的家庭财产大幅增加：原来农民居住的土坯房或砖混房，估价在2万元到5万元。到新的小城镇置换一套80多平方米的住宅，价值超过40万元，农民的房产价值增加了10倍左右。而学者汪晖在调查华明镇后做出了另一番解读：从市场估价来看，75平方米的楼房按每平方米4000元的均价算，价值大概为30万～40万元。以华明镇贯庄村为例，该村宅基地平均每户165平方米，加上村办企业、道路、办公楼等集体建设用地，贯庄村共有农村集体所有的建设用地2 142亩，农民1 910户，平均每户748平方米，折合为1.12亩。如果按户均一亩建设用地计算，当时贯庄周边的土地挂牌出让价格达到每亩200万～400万元，这一价格是宅基地换房收益30万元的7～13倍。从以上来看，依照不同的计算方式会得出不同的结果。地方政府标榜的宅基地换房政策似乎使农民得到了很大的实惠，但实际上，包括宅基地在内的土地增值收益的大部分被政府拿走了，农民的利益遭受了损失。

3. 造成农民生活成本提高和生产生活的不便

城郊农民集中居住后，就被纳入了城市的生活体系，从基本的日常生活开销到一些高端的消费，无不需要通过市场购买来满足，使他们消费中的货币化程度大幅增加。农民进城后消费也城市化了，许多在以前不必购买的生活必需品现在必须花钱购买，加大了生活支出。生活成本的增加已经超过了部分被征地农民的承载能力。于是，在货币经济条件下，他们更加关心货币收入的多寡，对商品价格的波动变得十分敏感。现实中，由于年龄和文化程度等原因，一些被征地农民再就业难度大，基本上没有什么经济来源，只能暂时靠土地征用补偿费和以前的积蓄赖以为生。如果短时间内找不到合适的工作，城市生活成本又如此之高，他们将难以承受城市生活的压力，从而对农民集中居住政策产生抵触情绪，不利于社会和谐与稳定。

除了生活成本的提高，集中居住给农民的生产和生活也带来很大的不方便，尤其是对于那些保留耕地的农业生产者以及习惯于单门独院生活的老年人。这些生产和生活上的不便主要表现在以下方面。第一，农民离自己的耕地较远。集中居住前农民的承包地大都分布在自家的房前屋后，农民下地耕作很方便；而农民向中心村集中居住后，必然面临居住点远离自己耕地的问题。第二，农具、农机、粮食、牲畜等的存放问题。农民集中居住前一般都将农具、农机等存放于自家庭院或附属用房中；集中居住后，乡村庭院和农民附房与宅基地一道消失，农民失去了存放上述物品或牲畜的场地，而又无法找到合适的存放地，就难免会有些抱怨。第三,老年人住多层或高层楼房,上下楼不方便。集中居住前,农家的住宅一般为平房或二层小楼,生活很方便;集中居住后,农民被安排住在多层甚至高层公寓房内,这给农民特别是老年人上下楼带来了不便。

4. 破坏乡村自然历史风貌

推进农民集中居住必然涉及农房的拆迁和村落的重组,也就必然涉及历史文化村落和古镇的保护问题。在历史文化资源丰厚的江苏特别是在苏南地区,独具特色的古村落和集镇数量众多,这些村镇都有着中国传统文化和建筑艺术的印迹,其街巷、建筑、环境及居民的生活状态、特有的民俗文化活动等或多或少地保留着传统特色,承载着一定的历史文化信息,具有很高的历史文化价值。但是,一些地方政府在建设农民集中居住区时,不切实际地照搬城市小区建设模式,提出了所谓“住宅向高层发展、设施配套向城市看齐”的目标,认为“房前屋后、前庭后院、栽瓜种菜、采桑养蚕、鸡犬之声相闻”的田园风光是落后的表现,只有钢筋水泥浇筑的高楼和整齐划一的道路、大理石广场才是现代化的标志,因而对传统村落文化保护意识不强。在推进农民集中居住的过程中,一些极具乡村特色并且具有保护价值的农村住宅遭到了毁灭性的破坏,一些有文化价值的乡土建筑永久地消失了,以至于有学者大声疾呼:“五千年历史留给后人的千姿万态的古村落,已经到了存亡的紧急关头。”显然,上述做法有悖于新农村建设中坚持“注重乡土特色,保护农村文化”的原则。因此,如何“在保护中发展,在发展中保护”,成了当前推进农民集中居住所面临的一个重大难题。

5. 破坏乡土社会文化传统

农民集中居住工程在摧毁农房和村落等物质设施的同时,也将村落的历史和文化连根拔起,瓦解了长久以来形成的村落生活方式和乡土关系网络,使得乡土社会结构走向解体。正如斯科特(James C. Scott)在评价国家实施的定居项目时所言:“在被规划定居点上的人口集中可能并没有带来国家规划者所希望的结果,但是它阻止了或破坏了原有的社区,这些社区的凝聚力往往来自非国家方面。不管可能如何不规范,被如此替代的社区有它们特定的历史、社会纽带、神话和集体行动的能力。事实上,根据逻辑推断,一个新社区的建立也就意味着原来社区的解散,而新社区更容易受到上级或外来力量的控制。”在这里,正是来自外部的干预力量——政府的行政推动造成了传统村落社会的解体。

村落社会的解体与农民集中居住区的建立不仅意味着农民居住形态的改变,同时也意味着农民整体上开始由村落社会迈向现代城市社会,在这一过程中必然解构传统的基于血缘、亲缘和地缘关系之上的社会网络,以及由此形成的“熟人社会”。从社会变迁的角度来看，城市化发展对乡土社会的解构是不可避免的，城市化进程与乡村社会变迁相互交织在一起，变迁成为一种必然趋势。然而，这并不能成为否定乡土社会文化价值的理由。众所周知，乡村携带着中华文明演化的基因，寄托了人类最初的情感；还因为，“乡土社会中从熟悉得到信任”，这种基于血缘、地缘关系的人际信任对于“整合社会、维系人际间感情、保持社会稳定与协调”都有着积极意义。当信任关系保持良好时社会便可持续，当信任关系受到干扰时社会就将被消解。正缘于此，乡土社会文化就有其存在的合理性。但是在推进农民集中居住和乡村城镇化的过程中，乡土社会文化的根基遭到了破坏，基于血缘、地缘的乡村礼俗、社区认同以及熟人社会网络丧失了存在的基础。当前集中居住区普遍存在的人际信任下降、社区认同感和归属感降低等问题，或多或少与之有关。因此，建设农民集中居住区仍然需要重视乡土社会网络及其价值。不论是学者主张在农民集中居住区建立一个“类熟人社会”，或是坚持不以终结乡村文明为代价而“建立一个乡村文明与城市文明共生共存的城镇化”主张，都是对乡土社会文化价值的充分肯定。因此，在城镇化快速推进的背景下，如何将乡土文化中的积极因素移植到农民集中居住区内继续发挥作用便是一个值得思考的问题。

三、农民集中居住系统的功能优化

虽然农民集中居住存在这样或那样的问题与不足，但这并不妨碍我们从整体上把握农民集中居住的功效。正如波兰尼（Karl Polanyi）以圈地运动为例对社会变迁后果进行探讨时指出的：“如果因可耕地变为牧地的这种转变导致了特定数量房屋的毁坏、一定数目的失业以及局部可用性食物供给量的缩减，这些后果就可以视为最后的结果……这并不意味着不考虑下述结果：由于出口增加而对土地所有者的收入所产生的可能后果；因地方羊毛供应量的增长而创造的可能就业机会，对土地所有者将他们所增加的收入用在较长远的投资上或者用于奢侈品的开支上所起的作用。”可见，对功能的全面认识是必要的，也正是因为农民集中居住存在这些问题与不足，才需要对其进行优化和调整。农民集中居住系统的功能优化需要从两个方面着手：一方面需要加强系统内部的结构优化和功能发挥；另一方面需要加强对农民集中居住的政策的评估，以此来预防系统功能失调。

第一，系统内部各要素的结合方式决定了系统整体功能的发挥。要素的优化组合是系统功能最大化的前提，系统内部各要素的组合是否合理、要素之间是否协调一致，会直接影响到系统的整体合力。系统内部任一要素或环节的功能失调都会导致系统整体功能的失调。从现实来看，推进农民集中居住工作涉及规划、建设、社会保障、教育诸多部门,"尽管不同部门的角色无疑会有一些重叠,但是每一个部门本身都为这一进程做出其独特的贡献;如果组合得当,就可能会出现这样一种结构性的状况:整体大于部分之和。当然,相反的状况也会出现,一堆机构不恰当地凑在一起,各个部门以一种恶性的方式进行竞争并且毫无必要地重复行动"。这就要求政府部门在推进农民集中居住的过程中,从整体性的观念出发,做到统筹规划、通盘考虑,协调好各部门之间的工作,处理好各种矛盾和问题,稳妥、有序地推进农民集中居住工作。相反,如果各部门之间各自为政、互不配合或相互推诿,就会削弱系统整体合力,无益于农民集中居住工作的推进。

第二,推进农民集中居住既有正功能,也有负功能,如何强化其正功能、减少其负功能,是一个迫切需要解决的问题。

这要求我们客观、辩证地看待农民集中居住的功能问题。推进农民集中居住既有利,也有弊,如果做得好,可以使农民受益;做得不好,就会给农民生活带来不便,影响其正常的生产和生活。因此,在推进农民集中居住过程中要审慎处之,既不能因为存在正功能而强行推进或贸然推进,也不能因为存在负功能而不予推行。在实际的推行过程中,一些地方针对推行过程中出现的问题,对原有实施方案进行了局部调整。例如,上海市嘉定区华亭镇在推进农民集中居住过程中,出于人性化考虑,在居住区一楼建造了 40 ～ 70 平方米的房子专供老人居住,老人子女住楼上,以方便照顾老人。这既避免了老人上下楼梯的不便,又达到了集中居住的目的。针对纯农区农民集中居住后农具、农机等不便存放的难题,银川市兴庆区掌政镇在规划设计中实行居住区、公共服务区、农具存放区、农业区"四区分离",较好地解决了农具存放的问题。山东省禹城市则在农民集中居住社每个组团居民楼附近安排一处农具集中存放点,每户有长 8 米、宽 4 米的简易平房,一门一锁。此外,还建有一个 15 亩的场地,用来作粮食晒场和大型农机存放处。针对农民集中居住后生活成本提高的问题,仪征市月塘镇在居住区周边预留了一些菜地,以降低农民集中居住后的生活成本。这些创新做法无疑方便了农民集中居住后的生产和生活,值得肯定和提倡。

第三,加强农民集中居住工程的绩效评估工作,以发现问题,及时改进。如果将推进农民集中居住工程看作正在实施的一项国家惠民政策的话,绩效评估实际上就是一种政策评估,它是对农民集中居住政策的内容、实施及后果的全面总结和评价,目的是弄清这项政策执行有无达到预期目标,已经取得了哪些成功经验,还存在哪些问题与不足,以便修改和完善现有的政策措施,最大限度地发挥集中居住的政策效应,防止出现集中居住过程中的大拆大建和强行推进的问题。

然而,长期以来,在经济发展观的影响下,政府内部绩效评价往往会树立"经济建设型"目标,而非"公共服务型"目标。绩效评价侧重于为"面子工程""形象工程"打分,或者侧重于反映官员的政绩。在这种指导思想下,评价内容多以经济增长内容为主,较少关注农民的生活质量是否提高,农村的社会福利是否完善等。因此,对农民集中居住政策的评估,需要在反思原有绩效评估不足的基础上,重构一个公正而全面反映农民集中居住状况的内容框架。具体来说,在选取评估指标体系时,要从客观公正的立场出发,指标体系不仅要包括规划建设的速度和效益指标,还需要纳入反映集中居住区居民意愿和生活状况的指标。这些指标可以概括为两大类,即物质要素指标和非物质要素指标。物质要素指标包含"工程建设速度""房屋质量""基础设施""公共服务设施""景观绿化"和"物业管理"等项目;非物质要素指标包含居民的"集中居住意愿""意见表达渠道""政策公平度""生活满意度""非农化就业率""社会保障覆盖率""身份认同"等项目。通过对这些指标进行量化处理,计算每个项目的得分,从而就可以大致判断农民集中居住政策推行的实际效果或后果,从而对该项政策做出较为客观、公正的评估,以指导政府部门的下一步行动。

总之,农民集中居住是合乎社会需要,顺应社会发展的一项政策和措施。当前我国正在大力推进城市化进程,而我国的农村人口众多,推动农村人口向城镇转移、减少农民数量,成为现阶段城市化工作的重点。在此过程中必然要求大量的农村人口向城镇转移和定居,也就是农民居住向镇区集中。正是因为农民集中居住对促进农村社会发展有效用,即对统筹城乡发展、促进城乡一体化具有积极的促进作用,所以才有存在的必要,并要作为一项政策措施推行下去。正如人类学家弗雷泽(J. G. Frazer)在阐述制度必要性时所言:"如果它(制度)不满足任何现实的人类需求,如果它不是建立在深广的事物本质的基础之上,它就必然消失,而且越快越好。"与此同时,需要关注和预防农民集中居住政策的负效应,从而最大限度地发挥农民集中居住的政策优势,维护农民的利益。

(作者为苏州大学政治与公共管理学院教授)

城乡一体推进环保事业的机制探索

宋言奇

【摘要】 按照城乡一体的思路推进环保事业,要建立健全五大机制。一是区域环境规划机制,即从区域整体规划入手,合理布局城乡人口与经济活动。二是生态补偿机制,即城市向农村提供必要的补偿。三是环境信息公开机制,即向公众(农民)公开必要的环境信息。四是农民参与环境管理机制,即创造条件让农民参与环境管理之中。五是环境责任追究机制,即对环境决策失误给农村生态造成重大损失以及把城市污染转嫁农村的环境行为,要追究责任,而且是终身追究。

【关键词】 城乡一体　环保事业　机制

【基金项目】 教育部人文社会科学重点基地苏州大学中国特色城镇化研究中心重大项目“苏南模式转型研究”;苏州大学中国特色城镇化研究中心“城乡一体化背景下的人口城镇化(苏南)研究”创新团队项目。

在特定的区域内,城市生态系统与农村生态系统是一个有机整体,推进环保事业不能割裂城乡生态系统之间的有机联系。很长一段时间以来,我国环保事业的一个痼疾所在就是城市本着“独善其身”的思维,把污染转嫁给农村,破坏农村的生态环境。但把污染转嫁给农村并没有因此改善城市的生态环境,因为农村生态是城市生态的支持系统,“唇亡则齿寒”,反过头来城市也深受其害。在多次教训之后,当前,按照城乡一体的思路推进环保事业已经成为我国上上下下的共识,很多地方对此高度重视。

按照城乡一体的思路推进环保事业是一项复杂的社会工程,涉及面很广。其中五大机制建设,即区域环境规划机制、生态补偿机制、环境信息公开机制、农民参与环境管理机制、环境责任追究机制,是不可或缺的。

一、区域环境规划机制

按照城乡一体的思路推进环保事业,首先要健全区域环境规划机制,即从区域整体规划入手,合理布局城乡人口与经济活动。区域规划机制非常关键,在一个特定的区域内,城乡人口与产业合理布局相互耦合、人类活动与自然特点相互耦合,这是生态环境保护的基本前提。

工业化以来很长一段时间,人类没能按照城乡一体的思维进行规划,结果导致许多环境问题出现,城乡两端环保都面临难题。在这种背景下,美国著名的人本主义城市规划评论家刘易斯·芒福德提出了“区域城市论”的理念,他认为城乡两者是一体的。“城与乡,不能截然分开;城与乡,同等重要;城与乡,应当有机结合在一起”。由此他认为城市规划必须是区域规划,即把城市、村庄以及农田作为区域整体考虑,在生态极限内建立若干独立而又互相联系且密度适中的社区网络。他同时主张大中小城市结合、城乡结合、人工环境与自然环境结合。美国规划师麦克哈格则在实践上予以突破,他从区域整体出发,根据区域自然环境特征与自然资源性能,对区域进行生态适宜性分析,以确定土地利用方式与发展规划,从而把城乡的分布与设计纳入区域框架之下,也使自然的开发利用与人类活动、场地特征、自然过程协调一致。

建立区域环境规划机制的主要做法是区域生态功能分区,即按照区域生态特点以及历史沿革,将区域划分为若干个生态功能区(可细分为一级生态功能区、二级生态功能区甚至三级生态功能区),并细化每一生态功能区的发展方向与生态环境保护要求。生态功能分区可以为城乡统筹安排、一体化地推进环保事业提供支持与保障。在生态功能分区中,尤其要注重农村地区的环境规划。因为不少农村地区是区域内的自然保护区、水土涵养区,具有“牵一发而动全身”的效应,因此对这些农村地区,应有比较详尽的保护措施。同时,在区域环境一体化规划的框架下,农村自身还应因地制宜地进行环境规划,以实现生态效率最大化。

二、生态补偿机制

按照城乡一体的思路推进环保事业,必须健全生态补偿机制,即城市向农村提供必要的补偿。农村是城市生态的支持系统,为了城市牺牲了很多自身利益。为此必须有相关的补偿机制以给予农村适当的生态补偿。如果缺乏生态补偿机制,一方面,会导致城乡之间环境责权的不对称,违背环境公平;另一方面,也会造成原本生态功能潜力较大的农村为了发展经济而进行不合理的开发,这样不利于整个区域的环境保护。

我国目前的生态补偿基本在国家层面,区域内城乡之间的生态补偿比较少见,在这方面成就突出者当属江苏苏州。苏州是全国市级层面较早推进生态补偿的城市之一，对农村的生态补偿较为到位。2010 年苏州颁布《中共苏州市委、苏州市人民政府关于建立生态补偿机制的意见（试行）》，规定生态补偿用于五个方面。其一，加强基本农田保护。根据耕地面积，按不低于 400 元/亩的标准予以生态补偿。同时，对水稻主产区，连片 1 000 ～10 000 亩的水稻田，按 200 元/亩予以生态补偿；连片 10 000 亩以上的水稻田，按 400 元/亩予以生态补偿。其二，加强水源地保护。对县级以上集中式饮用水水源地保护区范围内的村，按每个村 100 万元予以生态补偿。其三，加强重要生态湿地的保护。对太湖、阳澄湖及各市、区确定的其他重点湖泊的水面所在的村，按每个村 50 万元予以生态补偿。其四，加强生态公益林保护。列为县级以上生态公益林的，按 100 元/亩予以生态补偿。其五，对水源地、重要生态湿地、生态公益林所在地的农民，凡农民人均纯收入低于当地平均水平的，给予适当补偿。2011 年苏州就支付了 15 亿生态补偿费，主要针对农村地区，目的是不让生态保护“功臣”吃亏。2013 年苏州又对生态补偿机制进行了调整，增加了分类原则，改变了“一刀切”的做法。

苏州是我国人口密度最大的城市之一，同时也是我国经济发展最快的城市之一，但苏州生态环境质量在全国名列前茅。2012 年，由全国人大环资委、全国政协环资委以及环保部等 11 家单位联合进行“中华宝钢环境奖”评选，最终，苏州获得了唯一一个城镇环境类大奖。苏州环保事业成绩的取得，与上述这种城乡之间的生态补偿机制是息息相关的。由于得到了大量资金补偿，苏州农村生态支持系统得以维系与强化，反过来支持了城市，使得城乡之间形成了良好的生态互动。

新中国成立后，我国在城乡关系上一直偏重城市而忽视农村，甚至为了城市利益而牺牲农村。环境保护领域也是如此，向农村转嫁环境污染成为很多城市的惯用做法。目前，我国不少城市已经拥有雄厚的财力，工业反哺农业以及城市反哺农村的条件已经具备，各地应当像苏州一样，建立起城乡之间的生态补偿机制，以彰显环境公平。况且城市反哺农村也有利于城市自身的环境保护与经济发展，因此更有必要建立生态补偿机制。当然生态补偿不一定仅仅局限于资金形式，还可以采取物质补偿、技术补偿以及项目推进等多种形式。另外，生态补偿也不一定拘泥于现有的领域，还可以根据情况予以扩展。苏州的生态补偿主要集中在农田规模经营、水源地保护等领域，这是由苏州自身特点所决定的。例如苏州目前耕地资源紧张，因此推进农业规模化经营成为生态补偿中的重要内容。各地的生态补偿可以因地制宜地推进，在有机肥开发与使用、秸秆还田、废弃物重新利用等多个领域都可以进行补偿，以增强农村地区生态良性发展的能力。

三、环境信息公开机制

按照城乡一体的思路推进环保事业，必须健全环境信息公开机制，即向公众（农民）公开必要的环境信息。健全环境信息公开机制意义重大，一方面，环境信息公开为协调城乡环境保护提供必要的手段；另一方面，环境信息公开可以避免城市向农村转嫁环境污染，维护农民应有的环境权益。目前世界上很多国家都建立起环境信息公开机制，例如美国1986年颁布的《应急规划和公众知情权法案》，要求企业必须向当地应急规划编制机构报告自己使用、储存、排放有毒有害化学品的情况。美国还要求企业必须真实公布排污情况，政府将收集的信息进行公开，并建立了有毒物质名录制度。公民通过网络，只要输入邮政编码，就可以查询到相关企业的污染状况，这样对企业污染排放的监督就不只是政府的事情，而成为全社会的事情，整个社会形成了一个强大的"监督网"。

我国目前尚未建立起真正的环境信息公开机制，很多环境群体事件的发生与此有关。为了更好地保护城乡生态环境，建立起环境信息公开机制，向公众（农民）公开相关信息势在必行。正如日本学者宫本宪一所说的那样，为了保护环境和人类的健康，必须公开军事上的、产业上的以及行政上的所有机密，否则环境政策就不会取得进步。当前，建立环境信息公开体制应从常规信息公开、重点工程信息公开、污染信息公开三个环节入手。

其一，常规信息公开。各个城市应定期向社会（城市与农村均包括在内）公布大气质量、水质量等常规信息。政府应通过各种宣传栏等载体，在农村社区公布一些常规性环境信息，如化肥的危害、环境污染指数等，使农民了解自己的行为会对生态系统造成什么样的影响，生态系统的变化又会对自己的健康造成什么样的影响等。这样才能增强农民的责任意识，提高农民的环境意识。另外，涉及环境保护的区域规划方案，只要是非保密性的，出台前后都要进行公示，供社会参考与监督。

其二，重点工程环境信息公开。凡是与农村社区环境利益相关的重点工程，政府都要进行公开。应定期通过电视台、报纸乃至告示等公布工程的规划、进展以及对村民的影响，使农民对工程充分知情，并做好应对准备。

其三，污染信息公开。目前很多农村社区毗邻乡镇工业区与城市工业区，受到污染影响与威胁。信息公开对于农村维护环境权益十分关键。在这种情况下，政府不仅应公开污染信息，而且应有所激励性地公开污染信息，例如政府要定期进行企业环境行为信息公开化评级，把企业评为五档——绿、蓝、黄、红、黑，分别代表很好、好、一般、较差、很差，为企业评级并通过媒体发布，将企业形象与环境行为紧密挂钩，让全社会监督企业的环境行为。

四、农民参与环境管理机制

按照城乡一体的思路推进环保事业，必须建立农民参与环境管理机制，即创造条件让农民参与到环境管理之中。在城乡生态环境保护中，农村是弱势的一端，经常受到城市污染转嫁。为改变这种状态，最好的办法就是让农民参与到环境管理之中，勿使“当事人缺席”，从而使其维护自身的环境权益。

那么如何让农民参与环境管理呢？其途径可以有以下几种。

其一，建立环保圆桌会议制度。环保圆桌会议制度的机理是政府官员、企业负责人以及有关农民三方共同组成会议成员，定期就环境热点问题进行商谈，通过平等对话，相互理解，达成共识，提出环保解决对策。环保圆桌会议制度是协商民主的具体体现，有一举多得的效果：首先，可以发挥农民智慧，大大节省管理成本；其次，可以让各方加强协商沟通，推动环境问题得到更好的解决；再次，让农民参与进去，不断学习，不断提高，这样对推进农民的参与水平来讲是大有好处的；最后，可以由“事后处理”演进到“事先预防”，防患于未然。

其二，建立民意直通车制度。民意直通车制度的机理是在社区设置信箱，农民有建议或者意见可以写信放入信箱，经过镇级政府分类后送交有关部门，有关部门必须给予农民答复。通过民情民意的搜寻采集机制—研判分流机制—办理追踪机制—答复反馈机制，为农民解决实际问题。当然，在当今网络技术发达的情况下，也可设置网上民意直通车平台。

其三，建立农民参与检查制度。我国不少农村社区毗邻城市或者城镇的工业区，受到污染的威胁。工业区的排污由相关部门组织检查，农民鲜有机会参与其中。这就造成一种悖论——利益最相关的主体没有发言权，显然这不合逻辑。有鉴于此，可以考虑建立农民检查制度，让农民代表或者利益受损者参与检查企业排污，真正发挥监督作用。

其四，建立绿色直通车制度。绿色直通车制度的机理是：当农村社区面临环境侵权时，囿于基层政府的“包庇”，农民有渠道直接向上级政府反映，使问题得以妥善解决。我国目前大量环境群体事件的发生，在一定程度上说明了绿色直通车制度的缺失，今后可以尝试这方面的举措。可以在省级层面或者市级层面整合相关部门，成立一个兼职机构，负责较大范围内环境事务的上访与诉讼，这个机构向全省或者全市公布自己的电话与信箱，设置自己的网站，为农民提供“直通车”平台，从而推动农民的参与。这样一个部门，至少能够为农村社区环境维权提供一种通道，由此也会降低环境群体事件的发生。

其五，建设农村生态协会。政府和社区应引导与组织一些关心环境、热心公益事业、有志愿服务意识、有威望的农民组成农村生态协会，开展环境监督、环境教育、环境维权工作，维护农民的环境权益，提高农民的环保意识。政府可以给予政策与资金方面的适当支持。

五、环境责任追究机制

按照城乡一体的思路推进环保事业，还必须建立环境责任追究机制，即对环境决策失误从而给农村生态造成重大损失以及把城市环境污染转嫁给农村的行为，追究责任，而且是终身追究。环境责任追究机制是环境保护城乡一体化的保障所在，以往很多城市污染向农村转嫁，都与环境责任追究机制的缺失有关。建立环境责任追究机制，可以改变环境博弈格局，使得责、权、利相统一，有助于环境公平，为此，党的十八届三中全会《中共中央关于全面深化改革若干重大问题的决定》明确指出：探索编制自然资源资产负债表，对领导干部实行自然资源资产离任审计，建立生态环境损害责任终身追究制。

建立环境责任追究机制无疑是正确的，但是该机制目前还有诸多有待深化的地方，需要进一步完善。

其一，细化相关规定。环境责任追究机制要做到“主体明确、责任明晰、追究有据”，这样才能真正发挥作用。例如城市向农村转嫁污染，谁要负责？要负有什么样的责任？出了问题要受到什么样的处罚？等等，要有相应的条文与标准，一目了然。否则环境责任追究机制就会停留在理念层面，缺乏操作性；就会成为一种事后惩罚机制，起不到事先预防的效果。

其二，进行科学计算。在环境决策失误从而给农村生态造成重大损失以及把城市污染转嫁给农村的环境行为中，可能会涉及复合型环境问题，例如一个工程可能会导致农村多种严重的环境问题产生，如水、大气、土壤问题等。我们需要在科学评估的基础上进行科学计算，以追究环境责任。这些都需要技术、管理、法律以及社会等方方面面的支撑，有些方面有待进一步探索。

（作者为苏州大学中国特色城镇化研究中心副主任、苏州大学社会学院教授）

新型城镇化背景下土地制度创新研究

叶战备　王生坤

【摘要】　创新土地制度是当前我国新型城镇化的破题之笔。城镇化浪潮给土地带来了新的“潜在利润”,从而产生了变革现有土地制度的动因。苏州作为中国经济最为发达的地区之一,作为苏南模式的发源地,较早产生了对土地制度变革的要求,创造出了土地股份合作制这种新型土地制度。尽管这一制度取得了较好的绩效,但是在城镇化背景下还存在诸如合作社管理成本可能增加、合作社各利益主体间产权关系模糊、股权封闭性强、土地用途受限等问题。基于此,我们认为,需要进一步优化有利于土地制度创新的环境,以激发政府、村集体和农户的积极性与创造性,整合各方力量,进一步完善土地股份合作制,让土地股份合作制成为农村城镇化的桥梁。

【关键词】　土地制度　土地股份合作制　潜在利润　创新

随着我国经济与社会持续而全面地发展,城镇化已是无可阻挡的大趋势。十八大指出要“坚持走中国特色新型工业化、信息化、城镇化、农业现代化道路”,标志着城镇化在实现全面建设小康社会的实践中占据越来越重要的地位。但城乡二元分割体制在我国依旧存在,使得我国的城镇化远不是农村人口转化为城市人口这么简单,而是直指农村问题的核心——土地问题。家庭联产承包责任制在改革开放初期引领了中国经济的腾飞,但是随着工业化、现代化进程的加速,土地制度已经从深层次上限制了农村的发展,抑制了城镇化的步伐。创新土地制度,成为新型城镇化的破题之笔。

一、土地制度创新的制度诱因

1978 年以来,我国农村形成了以家庭联产承包为主的责任制和统分结合的双层经营体制。在新型城镇化背景下,这一制度已经不能完全满足现实需要。城镇化浪潮给土地带来了新的“潜在利润”,从而产生了变革现有土地制度的动因。

有关统计数据显示,我国城镇化率已经从1990年的18.9%增长到2012年末的52.57%,近十几年城镇化率每年都增长1%左右。在发达城市周边,农村被不断扩张的城市吞噬,城郊农村城镇化趋势日显。农村城镇化以土地被大量征用、农业用地转变为工商业用地为首要特征,它导致了农村可用地减少,土地资源进一步稀缺,土地价格上涨。由高度工业化、城镇化和经济快速发展引致的,与用途转换相关联的潜在土地增值收益成为城市郊区土地的一种潜在收益来源,这一点从建设用地市场价格的地区差异上就可以反映出来。下图就是近年来江苏省土地出让价格变迁,从图中可以看出,2007年到2012年间,除了2012年因为严格的宏观调控使土地价格有所下降外,土地价格呈现逐年上升趋势,土地价值越来越多地得到显现。

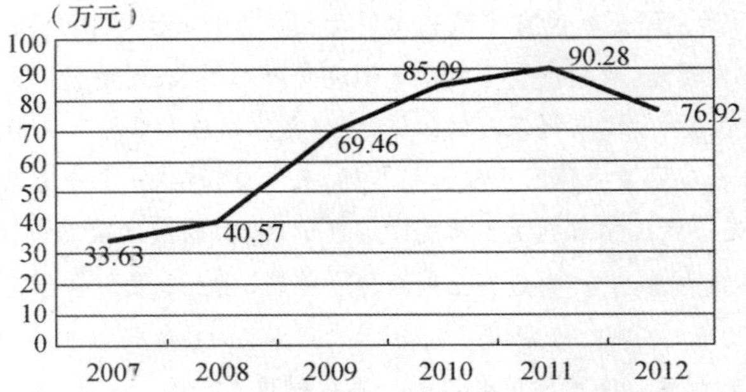

2007年—2012年江苏省每亩土地价格上涨趋势图

根据江苏省国土资源厅数据整理。

然而在土地价值彰显的过程中,作为土地主人的农民并没有享受到耕地非农化应该带给他们的收益。根据有关法律法规,耕地被征用,农民获得的补偿包括土地补偿费、安置补助费、地上附着物和青苗补偿费。然而现实中,农民实际获得的收益和土地增值之间存在极大的差距,且这种一次性的支付方式杜绝了农民参与土地收益的可能。因此,如何让农民享有因城市扩张而带来的级差收益并将之保留在村集体内部成为城镇化进程中的一道难题,正确破解这道难题就能获得较大的潜在利润,为创新土地制度提供诱因。

制度创新是集体选择的结果,判断制度创新是否具有效率的标准是利益集团的当事人之间能否达成一致性同意。青木昌彦指出,利益集团是否达成一致性同意,影响到制度创新的速度、成本,决定着更加有效的制度创新能否发生。在土地制度变迁中,以农户为代表的初级行动团体认识到城镇化、工业化所带来的巨大土地增值等"外部利润",发现制度变迁的预期收益将大于预期成本,他们就会倾向于竭力推动制度变迁。但是制度创新的合法化及推广则取决于以地方政府与村民委员会等基层组织为主导的次级行动团体的认可和积极参与。在压力型体制和政绩锦标赛中,地方政府需要追求政绩,在既有的政治框架下,要在政绩"锦标赛"中获得胜利,就需要一些与众不同的创新,只有通过创新才能在竞争中获得胜利。在这种情况下,积极追求创新的地方政府适时地感知到了来自于农民的利益诉求,积极参与到土地制度变迁中来,成为制度变迁的次级行动团体。这些次级行动团体的存在,有利于克服农户集体行动的困境,纠正农户行动存在的偏差。因此土地制度的变迁,不仅与经济发展和农民意识因素有关,更离不开基层政府及相关部门的积极参与和支持。在"潜在利润"的刺激下,政府和农民将会寻找一种能够为各方接受的土地制度,从而在城镇化和保护农民权益之间实现利益平衡。

二、土地制度创新的苏州实践

苏州作为中国经济最为发达的地区之一,作为苏南模式的发源地,较早产生了对土地制度变革的要求,创造出了土地股份合作制这种新型土地制度。苏州市探索农村土地股份合作制改革始于2001年。苏州市在2005年就初步解决了农村土地股份合作社的工商登记问题,并要求在财政资金、土地使用、税收优惠等方面给予政策扶持。目前,苏州市各县(市)区都出台了以土地股份合作社为主要对象的奖励政策,入股土地每年每亩奖励300～400元。

苏州的土地股份制制度创新,来源于显见的制度收益,表现在合作社本身和农民个人两个方面。对于合作社本身而言,实现了"两个增量和两个增值"。第一个增量是指由精确丈量土地导致的实际土地亩数比实施家庭联产承包责任制时登记的亩数要多,这部分增量主要是作为村集体股份加入合作社,由此就产生了第一个增值,即多出来的亩数的价值,按照农民土地作股的价格计算,壮大了村集体股份;第二个增量是指由于土地平整导致的土地增加量,一般能增加10%的土地,这部分土地主要是通过异地置换变为城镇工业用地,由此产生第二个增值,一般每亩能增值5万元。对于农民入股而言,最直观的体现方式就是年分红的增加。

土地股份合作制成了农村城镇化的中介,有效地减少了农民转化为市民时因身份变迁而带来的文化冲击,规避了因城镇化带来的农民权益损失。

一是保护了农民权益。土地股份合作社成立后,农民成为土地的股东,拥有了享有土地增值的权利。随着城镇化进程的加快,城市近郊土地价值必然上涨,在传统的城市扩张模式中，土地增值被地方政府以及土地开发商获取，而通过土地股份合作社的形式，这部分收益被留在了村集体并通过分红的形式直接为农民获得。同时，失去土地的农民成了农业工人，组织了劳务合作社，又给租用土地的企业提供了劳动力。农民在享受作为土地股东获得的权益的同时，还可以在土地上新建的各类企业工作，获得工资性收入，确保生活无忧。城市近郊农民因为惧怕融入城市后生活水平下降而导致的抵触情绪将有效降低。

二是为城镇化提供了发展空间。城镇化最直观的形式是城市郊区农村景观逐渐转变为城市景观，转变背后是对农村土地的大规模占用。在传统模式下，获取农村土地的方式只能是土地征用，由于涉及复杂的利益纠葛，常常爆发尖锐的冲突。通过土地股份合作制的形式，只需要通过土地性质的转化，原农业用地就可以变成工业用地，大大降低了获取土地的交易成本。并且，由于土地股份合作社已经剥离了农民和土地之间的直接联系，农民可以从股东收益的角度思考土地的发展，理性的农民都会支持土地用途的转化，从而为城镇化提供充裕的发展空间。

三是为农民提供市民化训练。通过发展土地股份合作社，实现了农村基本经营方式由分散化经营到合作经营的发展转变，这一过程有效地把农民组织起来了，农民的组织化程度和市场主体地位大幅度提高。农民对于城市生活与城市习俗的接受将会在土地股份合作社内得到培育和养成，农民能无缝隙地转轨为市民。

虽然苏州土地股份合作社取得了较好的绩效，但是在城镇化背景下还存在一些问题，主要表现为以下三个方面。

一是合作社管理成本存在增加的可能。合作社与村委会合署在一处办公，土地股份合作社实际上受村集体统一领导，实际上合作社与村集体是“两块牌子一套班子”。这样高度同一地安排组织结构，在后续的合作社运作过程中可能导致合作社高度依赖村集体，增加合作社的内部管理成本。如果土地股份合作社内部成本持续上升，合作社将面临解体的困境。

二是合作社各利益主体间产权关系模糊。尽管合作社章程中明确规定了农户、社员大会、理事会、监事会等不同主体的权利和义务，但相对于规范的现代股份制而言，该合作社的产权关系仍然较为模糊，实际上大多数农户股东的表决权、选举权等未能得到充分行使，股东对合作社的控制权与其剩余索取权相分离。

三是股权封闭性强，土地用途受限。土地股份合作社大多规定土地承包经营权不得抵押和为他人提供担保或买卖，合作社的股权封闭性较强，流动性不足。

而且无论是农户还是村集体，均是以土地作为唯一的出资方式，这导致了资金、技术、人力资本等生产要素无法进入土地股份合作社。在实践中，合作社的土地用途受到了严格的限制，大多都还是转交给农业企业土地股份合作社，难以向更强、更大的方向发展。

三、土地制度创新的路径思考

针对上述问题，需要进一步优化有利于土地制度创新的环境，以激发政府、村集体和农户的积极性与创造性，整合各方力量，进一步完善土地股份合作制，让土地股份合作制成为农村城镇化的桥梁。

（一）激发初级行动团体行为动力

在诱致性变迁过程中，农民、种植大户、农业企业主等是初级行动者，他们拥有制度创新的动机，却囿于个体力量的不足无法实现创新。在土地股份合作制的实施过程中，存在一些复杂的问题：农民入股分红是否有保障；种植大户与村集体的协议是否能得到农民的认同；农业企业的规划会不会与当地政府的大规划相脱离，导致计划无法实施。这些是初级行动主体在制度创新与实施时所顾虑的，只有保障了初级行动团体的权益才能使制度真正落实与发展，同时才能得到他们的认同、接受与执行。

第一，牢固树立土地产权观念，强化农民集体土地所有权。土地流转中对农民权益的损害归根到底是由忽视甚至不承认农民对于集体土地的终极所有权导致的，这也是农民土地权益长期得不到有效保障的根本性原因。因此，从制度和体制上确立农民的集体土地所有权，是保护土地流转条件下农民土地权益的前提。这就要求进一步确立农民是农村集体土地所有权主体的观念。

第二，加快立法工作，建立土地股份合作制的法律体系，鼓励不同地方的首创精神。法律、法规是制定政策的依据，农民权益保护应当有一套严密的法律体系予以规范。考虑到不同地区之间具有很大的差异，因此要鼓励不同基层政府因地制宜，加快相关地方性法规和规章建设，从而为中央统一立法创造条件；要将不同地方的制度创新融合，将有利于土地股份合作制发展的方式和方法进行提炼、总结，将土地股份合作制中存在的普遍问题分析、研究，找出对策，形成相对完整的法律性文件，为中央立法做准备；中央要制定相关的法律和行政法规，为土地股份合作制正名。目前只存在规范专业合作社的法律而缺少规范土地股份合作社的法律，土地股份合作制度目前仍处于法律真空阶段，土地股份合作制与农业合作社制度存在相当大的差异，仅从农业合作社角度出发做出的立法无法满足土地股份合作制的需求，必须加大相关立法力度。

第三，建立多层次的农村就业和社会保障体系等。首先是逐步建立稳定的农村社会保障安全网络，包括养老保险、医疗保险和最低生活保障；其次是建立社会保障基金，改变以一次性货币安置为主的做法，建立土地换社保的安置机制，建立失地农民社会保障基金；最后是切实做好失地农民的就业安置工作，加强对失地农民的技术培训和职业教育。

（二）培育次级行动团体创新精神

初级行动者是制度创新的原动力，而次级行动者则必须具备敏锐的洞察力和实干的能力。他们是新制度的奠基人，既是基层理论家也是实务家，因此必须发掘出初级行动者的创新意识，从而构建出具有可执行性的土地股份合作制度。

土地股份合作制是自上而下推进的，具有明显的建构性。在土地股份合作制推进的过程中，农村精英发挥的作用非常明显，某种程度上讲，没有农村精英的能动作用，土地股份合作制就不可能顺利推进。因此，围绕农村精英建立一支支持土地股份合作制的行动者队伍就成为事关土地股份合作制发展的关键。积极的行动者队伍的作用不仅仅在于提出土地股份合作制的远景规划和良好的发展目标，而且在于一步步地将土地股份合作制推向深化，不断解决可能出现的问题，保证土地股份合作制的良好运行。

第一，基层干部创新精神的培养刻不容缓。次级行动团体是制度改良的中坚力量，对于他们素质的培养是至关重要的，上级政府部门应当定时组织学习课程，培养基层干部的创新精神和实干精神。

第二，强化对农村精英的培育。村庄的发展虽然需要政策、制度等多方面的支持，但是农村精英的作用不容忽视。但是，在城镇化浪潮日益汹涌的今天，农村精英的流失十分明显，因此，在土地股份合作制的演进和发展过程中，培养农村精英成为当务之急。在目前境况下，农村精英大多集中在村两委之中，故而应当积极探索在村民自治的基础上发展出“委托培养村干部”等模式，培养具备更高素质的干部。

第三，推广农业专家 + 村委书记（或村主任）模式，理论结合实际才能更好地完善农村土地制度，实现农民的增收、经济的发展。在苏州的土地制度创新中，最为突出的是农业专家与村委书记（或村主任）的协作。农业专家作为土地股份合作制实施的顾问向村委书记、村主任等提出一些具体的建议，村干部及时反馈一些存在的问题，形成了发现问题与解决问题的良性循环。

（三）细化土地股份合作制运行机制

从土地股份合作制内部出发，完善其内部机理并使其实现自我调控并生成危机处理的常态系统，才能使土地股份合作制走上良性运行道路。

第一，规范的运行程序是基础。土地股份合作制的运行是一个复杂的过程，从制定规划、宣传动员、与农户签订合同，到引进资本、信息咨询、价值评估、筹资融资、合同签订等，紧紧相连，环环相扣，任何一个环节出现差错都有可能导致土地股份合作制失败。这就要求建立一整套规范化的程序，以确保土地股份合作制能顺利推进。为了土地股份合作制的良好运行，有必要将现代公司治理理念引入土地股份合作社当中，将“守护型”的经营方式改变为“进取型”的经营方式，通过科学的管理和严格的程序保证土地股份合作制的推进。

第二，理性的管理方式是关键。土地股份合作制度在实现减小交易成本方面表现出了天然的优势，然而我们的分析表明在土地股份合作制的后期必然形成交易成本的边际递增，管理成本的增加、专业技术的缺乏，导致村一级无法降低交易成本，必然导致管理的混乱无序。为提高土地股份合作制的收益，逐步减少交易成本，必须引进专业的管理公司，或引入“职业村主任”，引入竞争机制，减少管理成本。

第三，建立制度的认同是保障。依赖于次级行动团体的创新精神与实干精神面临的巨大问题是制度的可持续性疑问，由于存在次级行动主体的离位而导致制度可能失败，靠着个人或团体的魅力维持的制度演进具有极大的风险性和不确定性。政府对土地股份合作制不仅要经济上支持，更要从制度上确立以使之落实下来，使得制度创新不随着农村精英人物的离位而中断。

（作者叶战备为苏州大学政治与公共管理学院教授；王生坤为苏州市市容市政管理局工作人员）

日本城市化发展与轻轨交通研究
——以阪急电铁为例

黄 腾 姚传德

【摘要】 轻轨交通在日本城市化发展中的作用巨大，其中尤以京阪神地区（即东京、大阪、神户地区）的阪急电铁为著，堪称日本民营轻轨公司的典范。其创始人小林一三采用多元化经营方式，以交通运输为主业，同时开展不动产开发、文化娱乐、百货商贸等事业，既增加了客源，提升了公司收入，同时也极大地推动了京阪神地区的城市化。以阪急电铁为代表的日本轻轨交通在城市化发展中的作用值得中国借鉴。

【关键词】 日本 城市化 轻轨交通 阪急电铁 多元化经营

【基金项目】 2013年苏州大学中国特色城镇化研究中心资助项目（GJ213001）。

在日本近代城市化进程中，民营铁路的作用至关重要，日本的民营铁路以轻轨为主，在近百年的发展史上，各大轻轨公司不仅维系自身的发展，还充当着城市开发者的角色。阪急电铁是日本关西地区著名的大型民营铁路公司，主要从事京阪神都市圈的城际轻轨交通运输，其开创的多元化经营，堪称日本民营铁路的典范，推广形成独具特色的“日本式铁路经营”，为日本近代轻轨交通发展以及城市开发提供了一条独具特色的道路。

一、阪急电铁的经营理念

阪急电铁以城郊轻轨交通运输起家，沿线多为尚未开发的农村地带，人口稀疏。为克服先天条件上的不足，其创始人小林一三以吸引客源为目标，从事沿线住宅地开发、电力供给、观光旅游建设，并以宝塚新温泉游乐场为基地，创建宝塚少女歌剧，以文化产业提升阪急电铁的企业形象。其经营理念可概括为“铁路建设＝城市开发”的多元化经营。

首先，以交通运输和不动产住宅地事业为中心，在轻轨线路铺设之前，先行取得沿线土地进行住宅地开发，并首创分期付款方式进行出售，获取初始资金。在住宅地建设出售的过程中同时开展轻轨线路建设。其结果是交通输送力不断提升,沿线便利度增加,地价上升,住宅地收入也不断增加,使企业拥有更充足的资金作进一步发展。其次,凭借不断增加的收入改善轻轨交通服务质量,吸引沿线客源。同时,在沿线建设租赁办公楼,开设百货店、游乐园等商业娱乐设施,引进大学等教育机构入驻,形成通勤、通学、购物、娱乐等综合经营体系。再次,随着资金不断积累、经营辐射圈不断扩展,渐渐脱离沿线地域限制,从事更大范围内的文化事业及酒店事业等,扩大企业影响力。阪急电铁的多元化经营,既避免了单一事业经营面临市场风险,增加了企业收入,又拓展了城市空间,促进沿线地区的开发,使民营轻轨公司作为一种社会性事业体现其公益性质。

二、阪急电铁的经营事业

(一)交通运输事业

作为民营轻轨公司,交通运输是阪急电铁的主要经营事业,其前身箕面有马电轨公司创立于1907年,主要从事日本关西北摄地区的城郊轻轨运输,1910年开业时仅有从大阪梅田连接宝塚及箕面的两条城郊铁路,客源稀少。对此,阪急电铁的创始人小林一三学习当时阪神电铁在沿线开发游乐场、租赁房的做法,创立多元化经营,吸引客源,推动交通运输事业的发展。1920年,神户本线开通,阪急电铁由最初的城郊"游览电车"发展为连接大阪、神户的城际轻轨,公司名称也改为阪神急行电气轨道。此后,阪急电铁先后开通伊丹支线、西宝线、神户高速线,初步形成北摄地区阪急交通网。20世纪40年代中期,阪急电铁通过与京阪电铁的战时合并及战后分离,取得京都本线(大阪—京都)的建设经营权,成为战后连接京阪神三都的唯一民营铁路公司。战后的阪急电铁在交通运输事业上不断巩固,相继合并能势电铁、北大阪急行电铁、神户市电,2005年改组成立阪急控股集团后,又继而收购老对手阪神电铁,最终取得京阪神间轻轨交通的支配地位。如今,阪急电铁旗下的交通运输部门已拥有阪急电铁和阪神电铁两大轻轨公司,此外还有阪急巴士、阪急的士、阪神巴士等全资事业部门以及众多的控股交通运输公司。

(二)不动产事业

不动产事业是阪急电铁多元化经营中的重要部门,不仅为阪急电铁的交通运输事业提供了大量稳定的客源,也成为阪急电铁的重要收入来源。箕面有马电轨开业之始的20世纪初,住宅地经营在整个公司收入中占有相当大的比重。

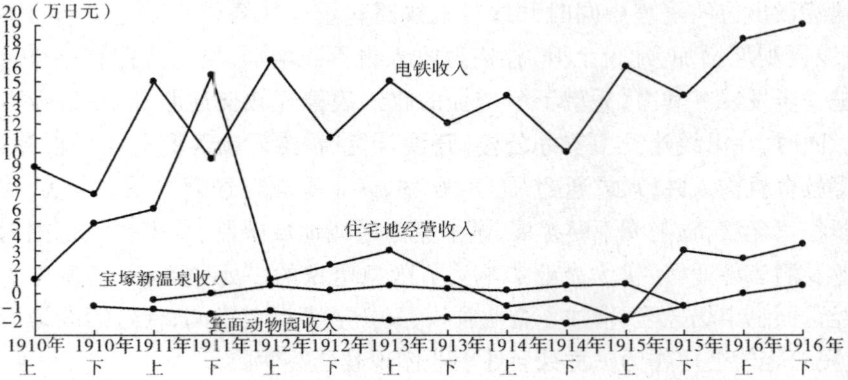

＊图中上、下分别指上半年和下半年。

图1　箕面有马电气轨道收入

资料来源：作道洋太郎编《阪神地域经济史研究》，日本：御茶水书房，1998 年版，233 页。

阪急电铁创设之初，为增加铁路乘客数量以及获取初始资金，小林一三便制定了“铁路经营 + 宅地开发”的发展策略，即在铁路线路铺设之前，先行购买沿线土地进行宅地开发，通过土地、住宅的贩卖利润，获取铁路铺设的初始资金。1910 年，时为箕面有马电气轨道公司的阪急公司，首先出售宝塚线上池田室町 27 000 坪（1 坪≈3.3 平方米）住宅。在出售方式上，小林一三首创面向普通民众的分期付款方式，以百坪为一户，共 200 户住宅，每户首付 50 日元，余款 2 450 日元分 10 年按月付清。该方式受到了当时正在兴起的广大工薪阶层的欢迎，获得了巨大的成功。明治—大正时代，阪急又先后售卖樱井住宅地、丰中住宅地、冈本住宅地、千里山经营地、甲东园住宅地、稻野住宅地等。截至 1957 年阪急电铁成立 50 周年之际，阪急公司已在沿线地区开发出售住宅地 220 万坪，形成巨大的不动产事业。

（三）文化娱乐事业

与其他已占据城市间路线的铁路公司不同，早在箕面有马电气轨道公司创立之初，在阪急电铁的路线上并没有大型城市存在，沿途多为风景名胜及农村地带，小林一三利用这一特点，在对沿线进行宅地开发的同时，积极开展旅游娱乐建设，最初于 1911 年在箕面开设动物园，其后又在宝塚建设新温泉场，以此来吸引乘客。为增加宝塚新温泉场的人气，1913 年小林一三创立宝塚少女歌剧，获得了巨大的成功。随后，小林一三以此为突破点，重点建设宝塚娱乐区，大力发展宝塚少女歌剧这一文化品牌，亲自参与剧本编写与剧团经营，并成立宝塚音乐歌剧学校，自任校长，培养专门的艺术人才。阪急电铁的文化娱乐事业虽然最初是作为“创游事业”开展的，但在发展过程中，显示了巨大的效力。以宝塚少女歌剧为中心的宝塚文化，引进近代西方歌剧艺术，同时继承了古老的关西传统文化，甚而一度成为近代日本关西文化的代表。小林一三也看到了这一点，将文化事业与铁路经营一体化，使宝塚文化成为阪急电铁的形象代表，宝塚大剧场和东京宝塚剧场的建立，以及全国各地宝塚歌剧的上演，成功地提升了阪急的企业格调，使之成为广受欢迎的大众文化型企业。

（四）百货商贸事业

随着沿线住宅地的开发，沿线居民不断增加，阪急神户本线开通后，大阪梅田站每日乘降人数更是达到 10 多万人。为方便沿线居民消费，并吸引更多客源，1920 年，小林一三首先于大阪梅田新建的阪急事务所大楼中开设阪急直营食堂，并引入白木屋商店贩卖日用百货，效益显著。1925 年，阪急电铁正式开始直接经营百货事业，于大阪梅田站开设“阪急百货店”，踏出了车站百货商贸事业的第一步。如今日本的大阪、京都、东京等各大城市均可见到阪急百货店的身影。

与车站百货店经营同时开展的还有酒店事业。1924 年，宝塚酒店开业，此后，六甲山酒店、阪急国际酒店、千里阪急酒店、大阪酒店先后设立。对于酒店经营，阪急电铁实行严格的现代化管理，设立阪急经营统合公司对各大酒店进行统合经营，而由阪急酒店集团负责具体的运营业务，实现了企业经营与运营的分离，从而提升了酒店服务，增加了经营效益。

三、阪急电铁对城市化发展的作用

阪急电铁通过小林一三创立的多元化经营，效益稳定并不断发展，与关东地区的东急电铁并称日本民营铁路界的两雄。同日本国有铁路的长期亏损相比，阪急电铁经营收入稳定，取得了巨大的成功，并在现代城市基础建设及区域综合开发方面发挥着巨大的效用。

首先，实现了对沿线地区的开发，扩大了城市圈范围。阪急电铁的多元化经营不仅为自身带来了效益和发展，也极大地促进了所经沿线地区的城市化进程，住宅地的开发、文化娱乐事业的展开、百货商贸事业的发展，使原本人口稀疏的郊区农村地带迅速发展成新兴居民点，通过阪急电铁各大线路与城市中心区紧密相连。现如今，西宫、池田、宝塚、箕面等阪急电铁重点开发的居民点都已相继实行市制，构成了京阪神都市圈中范围广大的卫星城市带。

其次，促使城市人口的分散，缓解因过度集中而造成的城市病。阪急电铁以城际轻轨交通为主要经营事业，轻轨线路向城郊及城市间区域的延伸，有效带动了城市人口向相对稀疏的郊区转移,实现“职住分离”。这些以轻轨交通为基础的大城市周边的卫星城,可以有效缓解中心城市因人口过度集中而带来的交通拥堵、住宅紧张、生活环境恶化等一系列问题。从整个城市化进程来看,阪急电铁的“日本式铁路经营”从一开始就推动着日本城市化方向朝着都市化、广域化的水平发展。

再次,极大地方便了居民出行、购物、通勤通学,体现其社会公益性。以阪急电铁为典型的日本民营轻轨公司,在经营地区交通线路的同时,还充当着地方民间投资者的角色,其投资经营活动的范围既包含住宅地不动产、百货店、酒店、餐饮等商业领域,还包括城际交通、休闲娱乐、文化传媒等具有社会公益性的事业。一定程度上,日本的轻轨公司是作为城市公共事业的投资替代者出现的,一方面极大地改善了地区居民的日常出行,另一方面也丰富了民众的物质文化和娱乐休闲。

四、对我国的启示

阪急电铁所代表的“日本式铁路经营”在近百年的民营铁路发展史上取得了巨大的成效,1986 年日本实行国有铁路民营化改革,意味着民营铁路的最终胜利,同时也证明阪急经营理念的强大生命力。阪急电铁的成功模式及其对城市化发展的促进作用,值得我国在今后的城市化道路上思考和借鉴。

第一,在城市规划方面,应重视轻轨交通在城市化发展中的作用,加强城际轻轨交通体系建设。轻轨交通具有运量大、速度快、运距较远、安全环保等优点,我国各大城市圈在规划区域交通体系时,应以轻轨交通为骨干,大力发展“轻轨—地铁—公交”的三重公共交通体系,形成城市中心区、城市近郊、城际间的放射型交通网,以解决城市中心区交通拥堵及用地紧张问题。

第二,在资金政策方面,大力引入民间资本,树立民营化竞争意识。引入市场竞争,推进投资主体多元化,鼓励民间资本参与铁路干线、铁路支线、铁路轮渡以及站场设施的建设,允许民间资本参股建设煤运通道、客运专线、城际轨道交通等项目。阪急电铁的经营与发展的成功经验表明,民间资本参与城市建设,一方面可以充分调动社会资金,解决政府在城市交通建设及区域开发中资金不足的问题,加快城市化发展速度;另一方面,能够树立企业竞争意识,促使其在平等竞争机制下不断提升服务水平,改善城市公共产品的经营效益。

第三,在经营战略方面,积极引导交通运输业与区域综合开发相结合,实行多元化经营。交通运输事业的发展可以将多元化经营作为企业发展理念,尤其是承担区域内城际交通的轻轨，在从事运输业的同时，可以积极发展沿线住宅地建设、文化娱乐、百货商贸、酒店服务等事业，吸引客源，增加企业收入，同时达到促进区域开发、扩大城市范围的作用。

（作者黄腾为苏州大学中国特色城镇化研究中心硕士研究生；姚传德为苏州大学中国特色城镇化研究副教授）

城镇化与城乡治理问题

新型城镇化进程中社区社会组织发展的三重困境：结构约束、市场失灵与转型悖论

袁建军

【摘要】 发展社区社会组织是新型城镇化建设的内容之一。但社区社会组织的发展在理论和现实层面尚面临三重困境。其一，社区社会组织的生存网络面临着结构约束困境，具体表现为存在高度外部依存性和资源依赖性；其二，社区社会组织的价值实现面临着市场失灵困境，具体表现为需求表达与识别失真、志愿失灵与市场垄断以及声誉市场不完备；其三，发展社区社会组织促进新型城镇化建设面临着转型悖论困境，具体表现为需求的爆发性与供给的成长性矛盾。

【关键词】 社区社会组织　结构约束　市场失灵　转型悖论

新型城镇化不仅具有明确的经济产业导向，还有丰富的社会管理与发展内涵。建设生态、宜居、和谐的新型乡镇社区是新型城镇化的内容之一。社区社会组织正是新型社区建设的生力军。社区社会组织是公民社会的底层组织形态，是居民日常生活空间的多维聚集，具有动员社会资源、提供社会服务、建构社会资本、推进社会治理和倡导公共政策的功能。社区社会组织因贴近社区居民、熟悉居民需求和具有专业知识能力等特点，往往能有效解决新型城镇化建设中与农村人口身份转变相伴的新旧价值观念、行为习惯、生活方式和人际关系等方面的冲突及其新困惑，满足新需求。社区社会组织的这些正向功能在理论和实践中得到了广泛认可，然而，其内在困境却往往被忽略。似乎事物内在的非完善性和活动的两面性在社区社会组织身上并不存在。当然，这种理想的组织形态在现实中并不存在。萨拉蒙的志愿失灵理论固然为我们谨慎地认识社区社会组织提供了有益的理论指导，但在新型城镇化建设的特殊背景下，社区社会组织的发展仍然必须从理论和现实层面进行深刻检视。事实上，在城镇化的转型中，社区社会组织发展面临着结构约束、市场失灵和转型悖论三重障碍。

一、社区社会组织的生存网络困境:结构约束

在对社区的界定上,大体存在两种路向:一是沿袭西方学者对于同质性的强调,认为社区是生活在同一区域内,具有共同意识和共同利益的社会群体;二是更多地从生活空间的角度来认识,认为社区是聚居在一定地域范围内、以居民为主体的人们组成的社会生活共同体。西方悠久的市民社会传统使社区更能在理想形态上具有同质性,但此价值旨趣与中国的历史和现实相去甚远。因而,笔者更倾向于从空间形态上界定社区。在此基础上,社区社会组织就可以被认为是以社区居民为成员、以社区地域为活动范围、以满足社区居民的不同需求为目的,由居民自发成立或参加,介于社区独立组织和居民个体之间的组织。在城市,主要表现为社区居民基于共同兴趣、爱好、价值观及共同需要成立的“兴趣协会”等各种基层组织;在农村,主要表现为在村镇范围内开展互助性、兴趣性及公益性活动的各种基层组织。社区社会组织的多元形态实则是社区非规模化、异质化社会需求的现实回应。

某种程度上,社区社会组织在社区空间范围内具有一定的内生性,理应是社区居民长期社会生活自然聚集的组织化结果。现实中,中国社区社会组织的变化历程却是与社区基层管理体制的变迁紧密结合在一起的,是单位制解体后基层国家权力重建的规划性产品。这种特定的发展历程决定了我国社区社会组织特定的生存网络结构。社区社会组织的建立、活力与发展前景也必然与之相关。

社区社会组织的生存网络结构可以从主体结构和资源结构两个方面来认识。从主体结构来看,社区社会组织的生存网络包含了能够介入社区事务的各类权力主体。具体而言,包括:①基层政府与党组织。在城市,基层政府是指作为区政府派出机关街道办事处;在乡镇,基层政府就是指乡镇政府。基层党组织即是与之同级的执政党组织。②社区居(村)委会与党支部。居(村)委会是基层自治组织,通常也是社区社会组织的直接管理单位。社区党支部是党的领导在基层群众自治组织中的实现方式,通过对社区党建和社区事务进行指导、监督和管理,发挥政治领导和规划发展的作用。③社区居民及业主委员会。社区居民是社区社会组织成员构成的重要来源,是社区社会组织生命力的根本。在城市社区的权力结构中,由社区居民代表组成的业主委员会是社区民意诉求的重要组织载体。此外,物业管理部门也是城市社区社会组织网络中的重要一员。④支持性组织。支持性社会组织是指那些对其他有需求的社会组织和整个非营利部门发展提供硬性和软性“支持”的社会组织。硬性支持表现为提供组织运作的资金、设备、场所等;

软性支持包括组织的合法登记、能力建设、公益宣传、信息服务、技术支持等。通常,支持性组织因其业务开展以提升社区社会组织服务能力的方式而介入社区事务,是构成社区社会组织生存网络的成员之一。

从社区社会组织发展历程看,社区社会组织是在国家权力以放权和还权的方式逐步退出社区从而形成权力真空过程中生长起来的。这就决定了社区社会组织存在高度外部依存性。尽管不实施最为直接的业务管理,基层政府实际上还是建构社区社会组织生存空间的主要力量。国家权力的制度化退出并未在实践中真正实现,其大部分权力仍以社区指导的形式保留下来,构成行政侵入的主要形态。正是因为国家行政权力仍有所保留,所以当前社区居委会仍然没有摆脱准政府性质,没能真正实现居民自治,而是承担着大量的政府行政性工作。在典型的政府主导的强制性制度变迁中,社区权力结构行政化仍是社区建设的主要特征。而从社区社会组织公共服务的购买方来看,其主体恰恰是区县政府、街道办事处和准政府性质的社区居委会。可见,社区社会组织公共服务实则是政府行政的延伸,而不是社区居民需求的社会化满足。社区居委会的特定结构和功能定位,使其无法成为社区社会组织培育的有效主体,从体制外建构社区社会组织培育的专门性平台就成为政府的必然选择。从这个意义上来说,支持性社会组织是培育社区社会组织的最优选择。然而,支持性社区组织受资源所限,其触角尚无法深入并覆盖基层社区以形成有效的资金支持、能力培训与业务指导。社区权力结构的行政化和支持性社会组织的有限功能,决定了高度外部依存性的社区社会组织依然只能在国家权力的规划和资助下发展,而这恰恰会使其失去独立性而走向官僚化。

从资源结构的角度来说,社区社会组织的生存网络至少应包括志愿精神、专业人员、政策支持和物资支持。“社会组织的内在驱动力不是利润动机,也不是权力原则,而是以志愿精神为背景的利他主义和互助主义;正像企业是组织化的资本、政府是组织化的权力一样,社会组织可以说是组织化的志愿精神。”可见,志愿精神是社区社会组织的内核与关键表征。当然,对于社区服务而言,空有一腔抱负必然没有任何意义。它必须建立在必要的政策支持、技术能力和物资支持的基础上。政策支持是社区社会组织法人化和社会服务合法化的基本条件。技术能力和物资支持是社区社会组织公共服务的人力与物力基础。只有组织成员具备必要的知识和技术水平,才能合理地配置组织资源,提供高质量的公共服务。物资支持通常包括基本的活动场所、技术设备、活动经费等。一般而言,社区社会组织的物资大多来自于慈善捐赠与会费、政府资助和补贴以及各种运营收入。资源禀赋在很大程度上决定组织的性质和功能。各类资金来源在总收入中的比重往往决定着社区社会组织的基本性质。

考察社区社会组织特定的发展背景和路径,可以发现,高度外部依存性的社区社会组织不仅在公共服务承接上具有依赖性,而且其资源输入同样严重依靠外部供给。现实中受既定慈善捐赠总量和分配机制的影响,目前社区社会组织的经费来源往往以政府购买或补贴为主。然而,一方面,政府的经费支持通常数量较少,往往仅能使社区社会组织满足部分群体的社会需求或提供最为基础的服务,有时候甚至无法支付其服务成本;另一方面,政府支持的重点往往随着政府工作方向的转变而转移,从而使社区社会组织的经费支持失去可持续性。尽管理论上社区社会组织能形成较强的社会资本,可以获取社区居民的支持,并易于获得来自市场的资源,但现实中,社区社会组织塑造出的志愿和公益形象以及服务对象大多属于弱势群体,这决定了其通过市场交易获得营运收入进而步入自身良性发展轨道的模式尚不可期,即便是时下最为炙手可热且被寄予厚望的公益创投也不能使资助对象自身具备造血功能。美国经济学家亨利·汉斯曼基于合约失灵理论认为,由于社会组织具有区别于营利组织的“不分配约束”特性,即便市场中存在信息不对称,由于存在不分配约束,社会组织也会抑制可能的机会主义行为,成为消费者监督生产者的一种有效制度安排,从而避免营利性的生产者坑害消费者形成“合约失灵”。然而,我国社区社会组织的生存境况表明,这种机会主义的寻利机会极少存在。正是受资源结构的约束,社区社会组织出现了较为普遍的非法人化。而这种非法人化现象的存在使社区社会组织非但不能成为维护社区社会稳定的“安全阀”,还有可能成为社会稳定的隐患。

二、社区社会组织的价值实现困境:市场失灵

社区社会组织是一定社会发展需要的产物,它往往通过特定的结构与资源,在社会性活动中实现特定的价值功能。可以说,与任何社会组织一样,价值功能也是社区社会组织生存的现实意义。社区社会组织的价值就是对特定社会需求的回应与满足。这些需求往往分布在以社区为核心的特定空间范围内。与物质产品需求及满足不同,社区社会组织大多并不从事直接的物质产品生产活动,而是提供有针对性的社会服务。在这个意义上,围绕着社区社会组织活动及其价值实现就形成一个以社区服务为中心的特定供需市场。我们可以将之称为社区服务市场。

由于社区服务本身的特性,社区服务市场有其特定的内涵。其一,该市场的

消费者是社区及其居民。这是由社区服务需求的对象决定的。其二,该市场的生产者构成具有多元性。从社区社会组织成员构成来说,它既可能由社区外来人员组成(如社区社工、专业技术服务人员等),也可能由社区居民组成(如社区健身队等),还有可能是两者的混合,即社区居民作为服务主体力量,外来人员提供必要的专业支持。其三,市场活动空间往往局限于社区。根据消费者的特征,该市场活动既可能在社区居民私人性的家庭空间,也可能在社区的公共空间,如社区服务站、纠纷调解室等。

社区及其居民是社区服务需求方和消费方的主体。严格而言,社区服务需求不仅成分复杂而且主体差异较大。社区服务需求可以从需求性质与需求主体两个维度来理解。根据需求性质的不同,社区服务可以分为物质、精神和文化需求;根据需求主体的不同,可以分为社区居民、社区共同体及其外部主体的需求。归根结底,社区服务需求产生于主体结构与功能的失调,即主体需要的满足难以依赖于自身资源直接获得。因而,社区服务需求的根本出发点和社区服务的根本目的在于从失调走向协调,即和谐社区。从这个角度来说,社区居民、社区共同体和外部主体的服务需求都在一定程度上表现为物质需求、精神需求、文化需求及这三者的协调。在社区居民、社区共同体和外部主体的服务需求之间并不存在严格的区分。如解决邻里纠纷往往属于社区居民精神需求的一部分,同时也是社区共同体精神面貌的重要组成;社区社会组织开展废旧品回收活动,不仅能满足居民及社区物质、精神和文化的需求,而且能满足外在于社区的环保组织和部门的业务需求,为社区营造良好社会关系的需求提供重要支撑。社区共同体和外部主体的社会需求更多地偏重于精神和文化需求,即表现为人际间和组织间的和谐关系。

为实现社区服务供给,社区社会组织必须组织资源投入,并通过组织运作进行资源优化配置,进而以各种无偿或低偿的志愿活动形式转化为产出。在此过程中,社区社会组织筹备的资源,既包括维系其本质属性的志愿精神,也包括支撑一般组织活动所需的物资、知识、制度、信息和空间资源。

在社区社会组织筹备、配置资源并实现服务供给以满足社区服务需求的过程中,实际上还存在一个竞争性的亚市场,即社区社会组织生存发展的竞争市场。在这个亚市场中,社区社会组织首先面对的是合法性的资格筛查。只有取得合法地位的社区社会组织才具有进入该市场以获取社区服务供给资格的机会。而这种资格的获得往往也是竞争的结果。

尽管从社区服务需求与供给的角度将社区社会组织置于市场分析的语境是

一种冒险,但其所展现的新思路无疑又能拓展对社区社会组织活动的认识。由于需求和供给的存在,社区服务市场与普通的产品市场存在一定的相似性。这种相似性使其亦不能免于市场失灵的魔咒。萨拉蒙研究提出的"志愿失灵"就是社区服务市场失灵的重要表现。萨拉蒙认为,志愿失灵主要包括四个方面的内容:慈善组织能力的不充分;慈善的特殊性;慈善的家长式作风;慈善的业余性。显然,萨拉蒙所称的志愿失灵完全局限于服务供给失灵的考察。对一个完整的市场分析而言,这固然必要,但显然是不够的,它还需要顾及服务需求。事实上,需求是供给的前提和基础,对供给的分析势必离不开对需求的关注。

在社区社会组织的志愿活动中,市场失灵是其价值实现的重要障碍,可以从需求、供给及其两者关系的角度来具体分析。

就需求而言,主要的困难在于需求表达与识别失真。当前对于社区居民社会需求的认识似乎建立在一个较为朴素的认知基础上,即认为社会需求只要存在就会自然地表现出来并被发觉和认知。为满足这些社会需求,以社区社会组织为载体的社会服务供给自然会应运而生,因为后者的社会和历史使命便是如此。然而,现实并不能满足该认识逻辑。首先,社区居民的需求并不必然都表现出来。毋庸置疑,居民需求的表达首先与社区居民自身相关。从普通心理学的角度来说,在居民意识到自身存在某些需求的前提下,居民是否会通过某些渠道表达出这些需求,不仅与其需求的属性和居民性格相关(如过于内向、封闭和注重自我防护的居民往往不会主动表达自身面临的问题,特别是精神层面的需求),而且也受其所持社会价值观的影响——其形成往往与特定的社会环境相关。事实上,对是否可以看作是通过社会服务予以满足的需求在不同的地区、时代、群体中也会存在较大争议。在更为扩展的意义上,居民需求的表达还受政治制度条件的制约。通常,民主和开放的政治制度更容易促发居民表达需求意愿。其次,居民所表现出来的需求可能会被其他问题或现象所掩盖,从而难以被发现。由于居民需求本身、背后动因和外显载体的复杂性,在社区生活空间中往往不存在一个特定的通道来展示某种需求以便于辨识。在表达通道相对缺失的情况下,公众普遍存在的情绪和行为迁移会有意无意地模糊甚至割裂行为表现与内在需求的关联。再次,如何认识观察到的、以问题或现象呈现的需求,往往存在不同社会价值观、意识形态以及理论取向上的争议。在社区生活中,虽然绝大部分的社区物质需求都能被通俗地理解,但精神与文化需求因其内容的抽象性和功能的间接性,在理解它们的过程中容易渗入主观思想,而可能形成万花筒式的解读。另一方面,服务需求的小众化则加大了被忽略的可能性。不同于政府公共服务和市场产品的普遍化、标准化，社区服务需求往往建立在个体居民的年龄、健康、知识和精神等特性基础上，仅涉及数量比较有限的社区居民。当同一需求所涉的居民较少、影响较小，尽管其合理表达并被识别，但在资源相对有限的情况下，该需求的满足势必被置于社区服务供给序列的尾端。从某种程度上讲，慈善的特殊主义正是基于服务需求的自身属性和争议性解读。最后，外源型需求容易扭曲社区服务需求的真实面貌。社区服务需求存在内源型和外源型两种类别。前者是指社区服务需求来源于社区及其居民自身，是自发的需求；后者是指社区服务需求来源于社区以外的主体，如在上级政府开展“平安社区”评选活动中，社区居委会联系相关组织提供消防、防盗等咨询服务。基于外源型需求的主体并非社区居民，因而其需求就会存在偏离的可能。

就供给而言，萨拉蒙所提出的志愿失灵自然是重要的表现。某种程度上，我们还可以将志愿不足的内涵扩展至与志愿精神直接相关的志愿资金的不足。除此之外，在社区社会组织竞争的亚市场中，社区社会组织存在类垄断现象。受服务需求小众化影响，在一个相对有限的社区空间内，社区服务多由某一个特定的社区组织来提供。这种社区服务供给主体的一元化实际上形成了一个近乎垄断的供给方亚市场：服务供给主体少，竞争程度低。事实上，有限生存资源的短缺也不允许过多类似社区社会组织的存在。与志愿和垄断相关的另一个困境在于，社区社会组织缺乏一定的市场退出机制。从理想的角度而言，当需求不存在或志愿已然无法支持服务供给时，社区社会组织就会被自然淘汰。但法人化的登记管理方式却在一定程度上阻碍了这种退出。政府社会管理的绩效考评仍然需要这些半死不活、处于沉寂状态的组织。尽管名存实亡，这些社区社会组织却仍然可能分享一定的资源。可见，市场退出的受阻使社区社会组织缺乏必要的硬约束，从而弱化了本就有限的市场竞争带来的外在驱动力。与此相反，社区社会组织也可能存在规模冲动，即在资源相对不变的情况下，尽可能多地拓展服务对象。

就需求方与供给方的关系而言，社区社会市场的失灵主要表现为缺乏类似产品市场中的价格调节机制。虽然社区服务需求并不一定通过市场购买来满足，甚至与需求方的意识无涉，但这并不意味着社区服务需求的满足就必然走向“霍布森选择”。某种程度上，声誉能够起到类似于价格的标签作用和调节作用，但这往往建立在服务质量标准化的基础上。事实上，社区服务需求与供给具有高度弹性，而且基于志愿服务形成的特殊供需双方关系也会削弱依赖于消费者质量评价机制的可信度。与此同时，声誉市场本身的成熟度也会制约声誉机制的效度。一旦缺乏有效可信的质量评价机制，社区服务需求方就会失去选择，从而使社区服务市场失去来自消费者的硬约束。匮乏的市场退出机制、弱化的声誉市场和消费者约束，使社区社会组织的服务供给完全依赖于志愿服务这一内在驱动力，这显然难以充分维系社区服务市场的持续有效运转。

此外，社区服务的双重属性促使社区社会组织极易形成合同制治理的失败。通常社区服务存在行政事务与社区自主两个领域。前者体现为制度化、规模化供给；后者体现为非规模化、琐碎性服务需求。以政府购买和资助为主的高度外部依存性社区社会组织必然因其成为规模化供给的附属而难以回应非规模化服务需求，从而陷入供给和需求的悖论困局。

三、社区社会组织的和谐发展困境：转型悖论

新型城镇化是一个时代命题，是一个经济社会发展需要重新定义的理论和实践课题。与粗放型城镇化相对，新型城镇化要求经济、政治、社会和自然的持续协调发展。无论是粗放型城镇化向新型城镇化的进化，还是农村向新型城镇化的跃升，发展理念、目标和方式的转变必然会打破既定的社会结构，带来高度碎片化的社会需求。在相对有限的特定时空范围内，高度碎片化的社会需求如若得不到及时有效的满足，就容易演变为盲目非理性的社会互动，进而威胁社会秩序。理论上，社区社会组织服务供给的非规模化和灵活性恰好有助于化解需求的碎片化。然而，转型的特定背景却容易使这种需求与供给的匹配偏离理想状态。这是因为通过社区社会组织促进社会需求的满足尚面临着转型悖论的考验。

这一转型悖论即需求的爆发性与供给的成长性矛盾。具体而言，这种矛盾可以从以下几个方面来认识。

第一，潜在需求量大且多元，现实供给单一且量少。新型城镇化建设是一个复杂的系统工程。仅就社区居民而言，新型城镇化不仅关系到身份与生活方式的转变，而且涉及社会价值观与制度环境的重建。城镇社区新居民的身份转变背后是原有生活环境的系统性重建。一方面，生产生活方式和人际交往方式的急剧转变会在一定程度上造成心理和行为的功能失调，进而使社区居民产生特定的精神需求。与原有生活环境一起彻底消失的往往还有丰富的社会传统和文化习俗，一旦社区居民无法在新的生活环境中还原这些文化形态，就会产生失落感和空洞感，这就要求重建新的社会文化来填补部分传统文化消失后的真空。另一方面，城镇社区新居民与原居民在空间距离上的拉近，容易使村落文化与城镇居民文化短兵相接，进而在邻里关系上产生一定的人际矛盾和冲突。在身份的转变与适应以及不同身份的融合过程中，以精神和文化为主的社区需求会很快呈现出来。然

而，能够满足这些需求的社区社会组织却很难应运而生。从组织发展的角度来说，正式组织的形成往往首先来自于非正式组织。而在社区重建的初始阶段，以人群关系为主的非正式组织基础可能尚不充分，仅能依赖于传统血缘和地域关系。虽然这种形式能够在一定程度上缓解和解决冲突，但其相对的封闭性并不适合于具有开放性特征的社区生活的未来。

就既定乡镇社区社会组织而言，受基层生存环境和自身能力的影响，这类社区社会组织不仅规模小、人员少、活动少，缺乏必要的固定办公和活动场地，而且所涉及的领域也比较少，较多集中于工商经济类行业协会和文化活动类组织，缺乏法律服务、社会福利、公益慈善、社区服务、农蔬生产等类型的社会组织。仅有的相关社区社会组织也因人手和经费不足，提供的公共服务质量难以得到有效保证。这不仅使乡镇社区社会组织难以有效承担起应有的社区社会服务功能，还会导致其社会公信力降低，破坏生存发展环境。

第二，缺乏适合社区社会组织成长的社会制度环境。社区社会组织的成长需要良好的社会制度环境，如志愿精神、服务意识、互利思想、协商能力等。然而，转型的主要特征往往就是没有成型的社会结构、社会规范、道德伦理和意识形态。粗放型的城镇化发展模式大多信仰权力和金钱，很少着力于社会建设，从而使转型面临严重短缺的社会制度条件。长期以来，乡镇政府大多习惯于直接包揽大量管理事务，或者将其分配给社区，挤压了社区社会组织的自立及生存发展空间。这不仅使不少人力和财力极为有限的基层政府从事管理活动时时常捉襟见肘，难以顾及社会统筹发展；使社区忙于完成上级政府相关对接部门交付的各项任务，难以实现自治功能；而且还使社区社会组织能力变得羸弱，无法承接政府转移的公共服务项目。在中央大力推进政府职能转移、购买公共服务的情况下，目前各地各级政府都积极通过公益创投等形式向社会组织购买公共服务。然而，由于乡镇社区社会组织规模较小、缺乏资质，很难具备政府招标的资格条件，从而难以享受政府的政策支持。不仅如此，乡镇社区社会组织的先天不足和后天发育不良，也导致其在不断推进的社会组织等级评定中难以获得相关等级认定，在税收减免、政策性奖励、专项资金支持、年检程序等方面也难以享受政策优惠。

第三，社区社会组织所需的居民参与和社会化信任等关系条件难以在短期内形成。研究表明，社会参与与居民特性有着较为直接的相关性。文化、学历、身份、经济社会地位等往往与社区居民参与的积极性正相关，后者正是社区社会组织保持活力的必要条件。从这个角度来说，文化、学历、地位相对较低的村民，往往难以通过有效的组织参与支撑社区社会组织公共服务。

建构社会资本是社区社会组织的功能之一，然而，必要的社会资本也是社区社会组织建立的前提条件。这里的社会资本是以社会化的信任关系为核心的社区居民社会生活网络体系。帕特南的研究表明，社会信任、互惠规范和公民网络参与的成功合作会相互支持与相互强化，在缺乏公民参与规范和网络的地方，集体合作的前景十分暗淡，极有可能会形成“永久欺骗”式的社会均衡。尽管互惠信任关系对于社区社会组织建设至关重要，但在利益重构和社区重建的新型城镇化建设过程中，互惠关系网络的形成并非朝夕之功。它只能在持续的利益分化与整合、需求的诉求与满足中慢慢建立。

可见，转型悖论的关键在于时间的稀缺性。社区社会组织的成长需要一定的时空条件，而社区服务需求的冲突性和紧迫性却无法满足其成长要求。在时间约束导致需求与供给错位的情境下，承担社会管理职责的政府大多倾向于选择快速高效的行政方式或引入外部社会组织，力求以快刀斩乱麻的态势解决管理窘境。尽管问题可能因此得以迎刃而解，但这在一定程度上却又使社区社会组织丧失了成长的契机，从而将政府自身陷于纷繁的社区社会事务中，而与新兴城镇化建设的使命相悖。

（作者为苏州大学政治与公共管理学院讲师）

新型内生城镇化进程中的保障房建设与城中村改造：模式、问题与出路

贺小林

【摘要】 党的十八大召开后，新型城镇化成为学术界关注的焦点问题。农民从农村走向城镇，完成城镇化进程首先要解决的是住房保障问题。本文以温州市保障房建设和城中村改造模式为例，探讨了新型内生城镇化背景下保障房建设和城中村改造进程中所面临的问题与出路。要解决当前保障房建设和城中村改造普遍面临的融资难、拆迁难、农民利益保障难和保障性住房的供需匹配难等问题，需要拓展保障房建设中的多源融资渠道，明确农民宅基地的使用权和流转权，切实保障城中村改造进程中的农民权益以及构建保障房供需信息平台，进一步推动新型内生城镇化的发展。

【关键词】 新型内生城镇化　保障房建设　城中村改造

【基金项目】 2011 年度教育部哲学社会科学研究重大攻关项目“我国房地产税改革研究”资助(项目批准:11JZD017)。

城镇化进程是第二、三产业不断聚集城镇，农民入城转化为城镇人口，从而扩大城镇规模的一种时代进程。党的十八大报告指出，城镇化是扩大内需的最大潜力，要坚持走中国特色新型工业化、信息化、城镇化、农业现代化道路。“我国长期以来在城乡二元结构下形成的分配格局导致了内需疲软。而内需的扩大……依赖的是大众消费，而不是靠少数富人的奢侈消费。”新型内生城镇化更加注重城镇化在扩大内需方面的内生动力，更注重质量而非数量。其将人的城镇化作为第一标准，要求赋予进城农民城市居民的身份和平等的权力，将进城的农民工纳入城市社会保障尤其是住房保障体系当中。在当前我国发展进入新阶段以及面临经济下行压力的形势下，研讨推进新型内生城镇化进程中保障房建设与城中村改造所面临的问题和出路具有十分重要的学术价值及现实意义。

虽然当前我国正处于城镇化高速发展的时期，但也出现了虚的“半城镇化”现象。“按照常住人口计算，我国目前的城镇化率是 51.3%，但按照户籍计算，我国

目前的城镇化率只有约35%，二者比例相差16.3个百分点，半城镇化人口的规模约2.2亿人。”现行城镇人口统计口径将在城市居住一段时间的农民工也纳入城镇人口范畴，而实际上这一群体普遍处于“就业与户籍分离、劳力与家属分离、收入与消费分离、居住与住宅分离”的局面，并由此带来了城乡保障待遇差距拉大、就业不稳定与农村空心化、消费受抑制、土地利用效率低等一系列问题，既影响了城镇化的健康发展，制约了产业转型升级和内需扩大，也不利于农村土地的集约利用和农业现代化的发展。因此，实现城镇化首先要解决的是农民入城后的市民化问题，让“半城镇化”人群在城镇能够享受保障性住房的政策福利。“中国城镇化的典型特征是政府主导、大范围规划、整体推动。”一方面需要国家在土地问题上完善征地制度和用地制度，改变征地过程中产生的各种扭曲市场经济的行为，切实保障农民的基本利益；另一方面要求政府在推进新型内生城镇化进程中加大保障房的建设，为农民提供保障性住房及其他福利，使其生活与城市居民生活并轨。

一、保障房建设与城中村改造的创新模式

保障性住房是与商品性住房相对应的一个概念，保障性住房是指政府为中低收入住房困难家庭所提供的限定标准、限定价格或租金的住房，一般由廉租住房、经济适用住房和政策性租赁住房构成。我国保障房概念及类型的制度设计主要针对的是城市居民，而没有根据实际情况针对农村居民制订住房保障计划。笔者认为应该扩大保障房的覆盖范围，保障性住房针对的主体应该是全国所有中低收入家庭，凡符合条件者均可享有。因此，在新型城镇化的进程中更要重视对于农民的住房保障建设，对于农民可以采用不同的住房保障模式。当前我国在农民住房保障方面面临如下问题：①农民的住房产权不明晰，流转范围不宽泛；②农民住宅基地配置效率低；③农村居民总体经济实力低于城市居民，各项配套及社会福利较低，因此农民也需要住房保障，改善自己的住房环境。

新型城镇化背景下各地正在就保障房建设的模式进行政策试点。其中，温州市的保障房建设与“城中村改造”联动模式较好地解决了当地农村居民与外来流动农民的住房保障问题，具有明显的政策价值和借鉴意义。温州市是我国市场化和城镇发展最快的地区之一，但近年来在经济社会发展方面动力不足。为了破解近年来由体制改革滞后所带来的发展缓慢问题，解决城乡二元改革滞后所造成的要素市场化程度和配置效率不高，半城市化所导致的社会形态呈松散状况等问题，2012年7月，温州市政府将城中村改造（包括在建制镇以上实施的农房改造集

聚建设）全面纳入保障性安居工程。重点发展公租房，鼓励和引导各种社会力量参与城中村改造，推动住房保障方式向“以租为主”转变。“十二五”期间，温州市保障性住房覆盖面达到22%左右，完成“1650”大都市主中心城区70%的城中村改造，每年为社会提供不少于1万套的公共租赁住房。从城中村改造项目的进展来看，截至2013年3月底，已拆除旧房6457户、104.12万平方米；新开工城中村改造安置房6425套、91.53万平方米；市区续建城中村改造安置房项目116个、903.86万平方米。温州市城中村改造建起更加现代化的居民住宅，配备完善的商业、公共服务等基础设施，大大提升村民的生活质量，让村民不仅从居住，更从生活的方方面面快速地与“市民”生活接轨。不仅拓展了城市面积，提高了城市化水平，也挖掘出更充分的发展潜力。同时，城中村改造让农村变为城市，改变其现有与城市发展不和谐的生活环境，促进各方面的发展，有利于统筹城乡发展。此外，城中村改造使集中规划更方便，提高了管理效率，节省了用地，利于城市化的可持续发展。

因此，各地可以借鉴温州的城中村改造模式，在城中村改造过程中由政府建立保障房，此保障房不含土地成本，配套费用减免，用来定向置换农民的宅基地。采用公平的置换模式，向农民提供2～3倍宅基地面积的住房，并允许其优先购买政府提供的保障房。这样既可以满足农民的人均居住面积的需求，也可以将多余的房屋进行市场化出租或者市场化销售。一方面，可以实现让农民自由选择出租或者销售置换的商品房，以此作为农村城市化、农民与城市居民福利接轨的保障；另一方面，可以将农民原来使用的宅基地盘活，农民进入城市后腾让出来的承包地与宅基地可以实现农业集约利用和规模经营，也可以进行部分的开发利用。其中商品房的开发土地指标来自于宅基地存量，没有新占用耕地。例如，一亩容积率为3.0宅基地可以建造2 000平方米的住房，每平方米可以补偿800元，即一共可以获得160万元的补偿，也就是说，3户农民一共可获补偿160万元的地价，平均每户可以获得约50万元的补偿，按照8万元与城市居民社保并轨，这样每户农民家庭可以补6～7人的城市社保。这样既将农民的社保与城市居民的社保并轨，又把农村的宅基地变成了城市的一部分，扩大了城市面积，同时农村各项配套设施得以完善，农民生活环境得到提升，农民接轨市民社保的差额也得到完善。同时，农民可获得出租房屋或销售房屋的收入。这一城中村改造模式的创新可以将农民原来使用的宅基地盘活，既提供了低价的保障房源，减少开发建设资金投入，又解决了农民居住房的产权不明晰、流转范围不宽泛的难题。

二、现阶段城中村改造中面临的瓶颈问题

当然,任何政策在获得收益的同时也一定需要相应的投入,并承担相应的风险。目前城中村改造过程中也面临着一些亟待解决的瓶颈问题。其中关键的问题包括保障房建设的融资问题、农民宅基地流转过程中的土地制度问题、土地流转过程中农民利益的保护问题以及保障房供需均衡与分配过程中资格认定的信息化平台缺失问题。

(一) 保障房建设的融资问题

保障房建设具有任务重、周期长、回报低的特点,因此仅靠政府财政投入的方式很难完全承担起保障房建设所需的资金。满足保障房建设的资金需求,既要加大政府投入,也要创新融资方式。为加快保障性安居工程建设,融资是必须解决的问题,破解资金制约将是推进保障性安居工程的首要工作。传统保障房建设资金的主要来源包括:①各级政府财政补助;②地方政府举债;③银行贷款;④住房公积金;⑤土地出让金净收益;⑥保险资金;⑦企业直接投资;⑧房产税。虽然有众多的融资方式,但是在实际融资过程中还是会由于保障房存在特殊性而导致融资困难。温州市在保障房金融创新过程中推出了政府引导基金,以此来解决融资难题。温州市积极争取国家投资、政策性银行和各类金融机构资金支持,并通过组建市级融资主平台、发行企业债券、试点公积金贷款、建立政府平台引导基金等多种方式,从间接融资向直接融资和间接融资并重转变,拓宽融资渠道,多元化填补建设资金缺口。2012 年 10 月,温州市农投集团、龙湾区政府、兴业银行温州分行三方达成组建运作温州市首只保障房引导基金——“龙兴 1 号保障房股权投资基金”方案。基金依托新组建的龙兴保障房投资管理中心,专门投向龙湾区瑶溪街道等 7 个农村保障房建设项目,项目总投资 18.36 亿元,以解决农村保障房建设项目资本金不足的问题。

为了进一步加强城中村改造的资金保障,温州市政府又与中信证券、工商银行、交通银行、兴业银行、华夏银行、农业银行及浦发银行等,签订了一系列的融资意向协议;同时明确市名城集团为温州市市级保障性安居工程建设综合融资平台,并向中国人民银行总行申请,计划在中国银行民间债券市场发行总规模达 100 亿元的保障房私募债;另外,为解决各地普遍存在的项目资本金不足问题,在龙湾区成功建立首支保障房基金的基础上,研究在市级层面建立一支总规模为 50 亿元的保障房专项基金。截至目前,初步方案已经基本形成。由此可以看出,保障

性住房建设资金融资方式，正由政府直接主导向政府引导下的商业化运作方式转变。这是面临财政支出增加、保障房需求量增大双重压力的地方政府的现实选择。面对农业转移、人口市民化带来的巨大居住需求，融资方式的改革创新可以提高保障房的市场供给，在城市化发展加速的前提下，它是提高社会保障水平的重要措施。

（二）宅基地流转过程中的土地制度问题

随着新型内生城镇化进程的加快，土地制度改革日益显现出紧迫性。党的十八大报告提出"改革征地制度，提高农民在土地增值收益中的分配比例"，并发出"农民收入增长幅度力争超过城镇居民收入增长幅度"的信号。中央农村工作会议指出，不限制或强制农民承包土地的流转。对土地征收的补偿条文作了较大改动，不仅删除了"年产值30倍"的硬性规定，同时还增加了对农民住宅和社会保障费用的补偿，并首次提出"公平补偿"的基本原则。农村土地制度改革会释放巨大的正能量，大量农民的市民化将腾出更多的农村宅基地，耕地也将会逐步集中于种田大户或家庭农场手里，此举对于中国的城镇化战略和农业现代化都将意义非凡。但是目前农村土地流转的过程还存在着法律缺失和模糊的问题，对城乡建设用地制度的理解也呈现出多元化和模糊化的特征。

虽然教条的黑板经济学家提出的"只要土地确权，自由流转，将土地私有化并进入市场自由交易，就不仅可以解决三农问题，让农民一夜暴富，而且因为作为生产要素的土地资源在市场机制下得以流动和有效配置，可以极大地推进中国经济发展"的观点已经被学界认识到是不可行的，但是在城中村改造具体的政策执行过程中，由拆迁和土地流转带来的困境与执行阻力依然十分巨大。各地打政策擦边球建立的小产权房往往只能够实现城郊地区的部分农民的城市化，其利益转化仅局限于部分靠近城市的农村，这一模式注定是难以持续的，而且这样的农村建设用地未经国家征收和批准就用于房地产开发是违法的。北京大学国家发展研究院的"土地制度改革"课题组在对四川省成都市农村集体土地流转进行调查之后得出结论，认为合法转让权的存在是农民获得财产性收入的基础。如何对现行的土地制度进行适度的改革以适应新型城镇化发展，并最终在农村建立起真正意义上的市场配置资源的机制是当前亟待解决的问题。

（三）土地流转过程中的农民利益的保障问题

在农村宅基地流转的过程中，地方政府通常处于强势地位，而农民处于弱势地位，因此，在城中村改造的过程中如何确保农民的利益是十分现实的问题。"当前政府主导的城市化，过度重视城市的生产功能与财富扩张，而排斥了农民的主动参与和对城市化成果的分享。”在各地城市化发展进程中，由征地拆迁而造成的对农民利益的侵害和群体性抗争事件层出不穷，在一定程度上影响了城市化进程的健康发展，甚至造成了政府公信力和合法性的下降。从理论上来看，地方政府启动城镇村改造的目的除了在于增加地方财政收入的利益冲动之外，还在于解决农村居民的住房保障和增加收入。因此，这一政策本身并不存在着地方政府和农民之间的零和博弈，关键在于如何尊重农民意愿，较好地保障农民的宅基地权益，进行公平的置换和土地补偿，让农民也能平等分享到土地增值带来的收益。而要实现在城中村改造与征地拆迁过程中的公平对话和博弈，则需要通过土地利益主体平等的谈判。

在当前农民分散、利益呼声容易被遮蔽的现状下，如何在土地流转的过程中构建起代表农民自身利益的谈判组织，避免农民通过非正常抗争的手段来维护自身的利益，是未来需要解决的一个关键问题。“今后需要在地方政府、村集体、农民三者的相互作用中，提高农民在土地增值收益中的分配比例，尽量减少社会矛盾，达成土地管理制度改革的博弈均衡，从而更好促进地方经济发展和社会稳定。”

（四）保障性住房的供给与需求匹配问题

保障性住房建成后，如何界定保障房的适用范围，将有需求的群体纳入享受住房保障的范围，并通过公开透明、公平合理的申请流程将供给与需求匹配起来，是住房保障制度建设中的一个十分关键的问题。只有将保障房科学合理地匹配给符合条件且有需求的居民居住，最大限度地发挥保障房的制度效用，才能够更好地保障低收入群体的利益，帮助其实现真正“城市化”。

当前我国各地的保障性住房正处于大规模的建设过程中，针对如何供应这些住房的政策实践还没有完全展开，但各地在住房保障信息平台建设方面滞后的问题却已经开始凸显。以往的保障性住房如经济适用房分配和使用政策中所存在的问题便是前车之鉴。因此，在新型城镇化背景下的保障房建设和城中村改造应该具有更为系统的顶层制度设计，不仅需要考虑建设和改造过程中所存在的问题，还需要通盘考虑住房建成后的流转与匹配问题。目前我国房地产供应市场是一个限制性住宅市场，在政府、住宅开发企业和消费者共同博弈下，要实现社会福利、企业效益和消费者权益之间的均衡非常困难。“现阶段就中国限制性住宅市场的实证研究显示：限购政策下城市房价涨幅放缓，多数大中城市成交量下降。

虽然限制性调控政策取得了一定的效果,但也存在一些局限:限制性政策本身具有阶段性和地域性特征,限制性效果有可能偏离预期。"因而,保障房的建设、供给和匹配均衡被寄予厚望,是解决我国城市高房价给城镇化带来巨大阻力的治本之策。

三、解决保障房建设与城中村改造问题的出路与政策建议

在当前我国各地保障房建设和城中村建设改革进程中,融资渠道狭窄、土地流转权利模糊、农民利益保护不力以及保障房匹配标准和制度缺失等都已经成为阻碍未来城镇化进程的瓶颈。为了解决这些问题,需要在具体的政策实践中加强和完善以下几个方面的工作。

(一)拓展保障房建设中的多源融资渠道

新型内生城镇化背景下的保障房建设首先需要解决城中村改造的资金问题。"在很长一段时间内,住房保障迟迟没有清晰纳入政府的公共财政体系,缺乏稳定的资金渠道。也只有少数城市建立了制度性的财政资金供应计划,这也是各地的保障房建设进展缓慢,覆盖面狭窄的根源所在。"如何找到一条政府财政投入小、农村居民受益高的政策路径是当前各地方政府普遍面临的困境。大部分地方政府采取了土地财政的方式,通过拍卖土地来获取土地出让的短期受益,从而筹集城市基础公共设施建设与城乡一体化改造的资金。然而,由于可用于出让的城市用地资源有限,这一政策将面临难以持续的问题。温州市政府在保障房建设和城中村改造的进程中与银行、证券公司等金融机构合作,建立起市级保障性安居工程建设综合融资平台,通过发行保障房私募债券、建立住房保障专项基金的创新模式,较好地解决了城中村改造的多渠道融资问题。

(二)明确农民宅基地的使用权和流转权

扩大城市用地的范围造成了近年来各地方政府的拆迁和造城冲动。然而,这一模式中补偿不公带来了大量的上访和社会问题,其谈判成本过高也压缩了这一模式的政策选择空间。一些地方政府默认并允许在城郊利用农民集体用地建设小"产权房"的方式来让城郊农民分享城市化带来的收益,但小产权房未能得到国家法律的承认和保障。当前我国农村宅基地使用权流转中普遍存在着主体无序易位、收益流失严重、收益分配格局错位等问题。这些问题源于对宅基地产权新实现形式探索不力、农村土地产权制度顶层设计存在缺陷及相关配套制度的不健全。

农村土地的使用权最终属于农户或农民个体,个体化的农地使用权应该受到法律尊重与保障。目前,由于农村土地使用权受到法律约束,农地价值遭到极大贬损,亟须改革中国农村不合理的土地管制主义模式。虽然温州市政府已经在最大程度上公平地保障了被置换土地农民的利益,但其用宅基地置换住房和保障的方式依然存在着法律方面的问题。因此必须完善宅基地的产权体系,明晰农民宅基地的持有产权的法律地位。2012 年 11 月国务院讨论通过的《中华人民共和国土地管理法修正案(草案)》在一定程度上弥补了土地制度流转补偿方面的法规的不足,未来还需要更高的法律来就土地制度改革进行更为明确的界定。"在严格宅基地管理的同时,通过确权登记颁证,还权赋能,允许农村宅基地依法、规范流转。通过流转激活城乡要素市场,提高土地集约利用效率,推动农村宅基地及房屋资化,保障农民宅基地用益物权,促进农民增收和改善农村生产生活条件"。

(三)切实保障城中村改造进程中的农民权益

农民将自身所拥有的宅基地腾让出来,是进行城中村改造的前提。因此,在政策执行的过程中应该将保护农民利益放在核心的位置,而不是通过政府强制的方式来剥夺本已处于弱势地位的农民的利益,形成地方政府与农民零和博弈的局面。在温州市的城中村改造过程中,政府非常注重对于农民权益的保障。一方面,在公平置换的原则下实现农村居民宅基地流转,通过出台贷款优惠政策的方式保障置换对象的权益。可通过安置协议质押、安置房抵押等方式办理银行贷款和住房公积金贷款,解决回购资金不足的困难。另一方面,在宅基地置换过程中切实考虑到居民生活细节问题。对老人、低收入家庭以及外来户籍家庭等特殊群体的安置问题进行了更为细致的政策规划和处理。这些政策为城中村改造政策的顺利推进奠定了坚实的群众基础,可供其他地方政府借鉴。

当然,要保护新型内生城镇化进程中农民的利益,仅靠地方政府的"利益让步"是不够的,笔者认为,更为重要的是建立起农民自身的利益共同体,将分散的农民组织起来参与并优化土地流转收益分配,形成合理的收益分配格局。值得注意的是,有学者就我国农村土地流转过程中的规范程度和流转程序进行了调查。"依据 17 省调查数据,仅有 35.52% 的包地大户或外地工商企业是直接和农民进行沟通而签订流转合同的。村干部参与了 60% 以上的农地流转,基层行政权力对于农地流转的干预程度不可小觑。目前仍有有 41.89% 的受访农民表示最初并不愿意将自己的土地出租,而经过基层组织行政权力的干预,最终只有9.47% 的农户得以保留继续使用自己的土地。”当前土地流转过程中的基层政府所扮演的角色和发挥的作用值得反思。

因此，可以考虑完善和修补原有的由村民自行组织的村社集体，使其成为村民的利益共同体，切实承担起为农民利益谈判、代言的重任，可以分散村级行政组织在征地过程中对农民利益的“反向侵蚀”，较好地扭转土地增值分配过程中农民处于弱势的局面。这一模式还可以将部分土地增值收益保留在村社集体内部，既实现了“失地人员无后顾之忧”的征地补偿机制设想，又防止了土地食利阶层的产生，从而解决了土地增值收益中的两对矛盾，一是积累与分配之间的矛盾，二是保障失地人员无后顾之忧与形成食利阶层之间的矛盾。新集体主义还找回了农村土地集体所有制的政策内涵，有助于化解征地拆迁过程中地方政府与钉子户的恶性博弈。

（四）建立地方保障性住房供需的信息平台

在保障房的供给方面，“我国保障房建设任务非常繁重，不仅要依靠中央和地方政府，同时还需要更多房地产开发企业的参与”。在房地产调控不断加强与保障房建设力度不断加大的双重历史背景下，许多房地产开发企业愿意进入保障房建设开发领域。但由于直接收益比较薄弱，加之面临诸多政策的不确定因素，目前保障房建设主要还是依靠央企和地方国企。因此，政府应该为房地产开发企业进入保障房领域提供更为完善的配套政策，加大保障房建设和供应能力。

在需求匹配方面，保障性住房建成以后如何充分实现其保障作用，需要制定更为细致和完善的保障住房分配与租赁政策。在保障性住房流转的政策过程中需要充分吸取以往的保障性住房申请、使用和流转过程中信息不透明的教训，建立起与保障性住房供需匹配的信息系统，在扩大保障性住房范围的同时，重点保障农民尤其是外来户籍农民的住房需求，严格审核保障住房的使用资格和条件，杜绝在流转过程中出现权力侵蚀保障房福利而导致的效率损失的现象。

总而言之，“土地具有社会保障的功能，由于宅基地模式伴随着农民的市民化，将农民与土地逐步分离，故需要对农户的社会保障做好配套”。在当前农村社会结构加速转型、城乡发展加快融合的态势面前，新型内生城镇化的道路要求有序地将农业人口转移到城镇，实现真正意义上的人的城镇化。在拓宽保障房概念之后，对于保障房的建设和城中村的改造要有全新的认识，即在不占用耕地的前提下满足农民的住房需求，优化农村土地配置，为农民提供保障性住房及其他福利，使其生活与城市居民生活并轨。未来的改革中更需要构建以土地制度为核心，以社会保障制度和户籍制度改革为重点，以就业制度、教育培训制度和农业产业扶持为基础的配套政策体系，进一步推动新型内生城镇化的发展。

（作者为复旦大学社会发展与公共政策学院助理研究员）

城镇化与城乡治理地方经验

社会政策范式转型理论视域下的苏南城镇化发展路径

梁君林

【摘要】 文章以社会政策范式转型理论为视角，从横向维度上探讨社会政策由城乡分割的二元范式向城乡统筹的一元范式转型。新生代农民工的群体状况被认为是评判我国社会政策范式转型成功与否的一个重要指标。因而，我们从新生代农民工的“生存型”和“发展型”问题出发，特别关注城市现行社会政策的创新点与局限性，以求发现社会政策范式转型的理想与现实之间的困境，并提出推进转型的合理路径。

【关键词】 新生代农民工　社会政策范式转型　困境

一、引言

随着工业化和城镇化的不断发展，中国进入了发展的转型时期，政策设计由过去只注重经济政策转向经济政策和社会政策并重，有学者认为未来一段时间将成为“社会政策的春天”。从经济政策时代到社会政策时代的转变，对社会政策本身也提出了巨大的挑战，这需要社会政策能有效解决时代的难题，推动社会的和谐发展。

前城镇化下的中国社会政策是一个典型的二元化社会下的福利政策体系，其突出特征是：市民享有针对市民的福利政策，农民享有针对农民的福利政策。尽管这种二元分割下的社会政策对象的福利待遇有着天壤之别，在前城镇化下的中国，两种不同性质和水平的社会政策尚可相安无事。但这一表面上和谐稳定的局面终于被 20 世纪 80 年代初期改革开放后中国社会转型的启动所打破。在中国的城镇化进程中，建立在传统社会体制下的城乡分割的社会政策在实施过程中矛盾和困境日益凸显，这些矛盾和困境集中体现在“农民工”这一群体的形成及其日益边缘化的现实中。农民工群体正在走向分化，并正在完成代际转换，改革开放后出生的新生代农民工已经成为农民工的主体。因而我们选择以新生代农民工问题为着眼点,来探析社会政策范式由二元向一元转型过程中的难点,并尝试提出社会政策的转型路径。

二、社会政策范式转型研究回顾

社会政策是指影响公共福利的国家行为,主要包括社会保障、住房、卫生、教育、社会工作以及社会福利服务。而"范式"一词最早由托马斯·库恩(Thomas Kuhn)在其著作《科学革命的结构》中提出,所谓"范式"(paradigm)指的是一个学派或学科据以建构理论、规律、概念的哲学和理论框架。简而言之,范式就是一种公认的模型或模式。彼得·霍尔(Peter Hall)在研究公共政策制定的过程中,借鉴库恩(Thomas Kuhn)的科学范式概念提出"政策范式"。根据霍尔的定义,政策范式是镶嵌在政策制定者头脑中的知识框架(intellectual framework),它不仅支配着政策目标与政策工具的选择和设置,而且还决定着政策制定者对其想要解决之问题的认识。政策范式代表着政策行动的框架,可以根据决策者如何设定政策目标(policy goals)、如何选择政策工具(policy instruments)和如何界定政策问题(policy problems)来加以鉴别。社会政策范式是一个非常稳定的架构,一种范式向另一种范式的转型"意味着社会政策体系的结构性调整,意味着社会政策的内部结构、模式、价值选择等方面深刻的革命性变革"。

笔者认为考察社会政策范式转型可以从横向与纵向两个维度进行,纵向维度是指社会政策从"生存型—发展型—投资型"的层层深入,这是一种时间上的转型,主要表现在社会政策的水平上;横向是指"二元到一元"的转型,这是从空间角度来看的。大多数学者的研究都是从纵向上进行的,例如杨团将社会政策学科的研究范式转型概括为"从单纯的政府决策向着多个社会主体共同决策转变;从再分配与消费取向向着生产和社会投资进入再分配领域转变"。嵇绍乾认为"发展型社会政策在规范型社会政策衰弱的过程中开始成为一种新的政策范式"并进一步解释,"发展型社会政策与规范型社会政策的不同在于,它是通过实施若干实际的社会投资策略,以'生产性(productivist)'的社会福利干预,促进了经济发展"。而徐建则认为政策范式的演变是"从再分配型到发展型社会政策"。从上述观点中我们可以看出,无论是"单主体—多主体""规范型—发展型",还是"再分配型—发展型",本质上都是从纵向(历史发展)维度来分析阐述的,仅是各自关注的侧重点有所不同。

不同于以上学者的观点,笔者这里所要探讨的社会政策范式转型是从横向维度进行的,特指从城乡分割的二元社会政策范式到城乡统筹的一元社会政策范式的转型。二元社会政策层面主要表现为:在社会政策的设计上城乡之间相互分割,两种制度之间缺少衔接,且市民的保障水平远高于农民的保障水平;城镇化和工业化导致城乡之间的差距进一步扩大,大批农村新生代劳动力进城务工,由于户籍制度的限制,进入城市就业的外来新生代农民工不能公平地得到附加在户籍上的福利保障。在计划经济体制下形成的、以城乡二元结构和户籍身份为基础的社会政策模式成为新生代农民工实现"市民梦"的最大阻碍,持续地影响到改革开放后我国社会政策的发展路径,并成为当前我国构建一体化社会政策的主要体制障碍。

三、社会政策范式转型视域下的新生代农民工问题

在中国的城镇化进程中,建立在传统社会体制下的城乡分割的社会政策在实施中的矛盾和困境日益凸显,并集中体现在"农民工"这一群体的形成和日益边缘化的现实中。改革开放 30 多年来,农民工群体内部走向分化并正在完成代际转换,新生代农民工已经成为当下农民工的主体。这种代际演变的社会后果是越来越多的新生代农民工不想返回农村,而是积极地想融入城市生活。因此,对于当前我国的新生代农民工,不仅要关注其就业与保障的"生存型"问题,更要关注他们向"新市民"转变过程中显现的"发展型"问题。

(一)新生代农民工的"生存型"问题

随着我国社会转型的发展,新生代农民工较之于老一代农民工的就业和生活环境已有一定的改善,收入与保障水平也有所提升,然而,在城乡分割的二元化范式突破之前,他们的就业和社会保障不公平现象将持续存在。

城市就业的不公平待遇主要源于新生代农民工对市民利益和城市就业空间的挤压。城市居民碍于自身原本的就业优势和对农民"文化水平低、素质低"的固有成见,对新生代农民工冲破二元就业秩序持排斥态度;企业为降低劳动力成本,维护自身利益,侵蚀新生代农民工的经济权益;政府由于监管不力和财政压力,对劳动力市场的自由配置机制没有起到良好的宏观调控作用;等等。多方因素造成新生代农民工的城市就业壁垒,使其被排挤在次级劳动力市场就业,仅能享受范围有限的低社会保障待遇,遭受就业歧视。

童星曾提出农民工社会政策的"二维四分"框架,其中"就业"指向的"生存型的问题取向政策"应优先于"社会保障"指向的"生存型的福利取向政策"。新生代农民工在城市自由择业的过程中缺乏相应的政策支持,城市居民的社会保障项

目普遍不在其享受范围之内。例如:新生代农民工没有被纳入城市失业率的统计范围内,城市没有对其提供相应的失业救济与再就业保障;新生代农民工的职业多分布在受工伤概率较高的建筑业、制造业和采矿业等高危行业,而多数用人单位未建全农民工的工伤保险机制。种种可见,新生代农民工社会保障的缺失难免使其陷入生存困境。

(二)新生代农民工的"发展型"问题

新生代农民工的价值诉求由生存层面向发展层面的转变,可以归结为"获得市民同等的社会地位"和"享有市民同等的权利资源"这两点。因此新生代农民工的发展性诉求与城市社会间的矛盾冲突就引发了一系列"发展型"问题的产生。

在城市从业的新生代农民工中的绝大多数仅仅是城市的一个过客,难以形成融入城市的合理预期。他们的成长环境、生活消费方式和对农村的情感俨然不同于老一代农民工,他们从心理上并不认同自身的农民身份,表现出想要超越自身先赋身份的渴望,成为城市主人翁的意愿强烈。然而,由于受限于户籍制度下的地域歧视,以及整体偏低的文化技能水平,新生代农民工难以在城市立足,获得与市民同等的社会地位。因此,城市外来新生代农民工中的许多人的生活游离在城市与农村之间,陷入了城乡双重边缘化的尴尬境地。

在城乡二元社会的转型过程中,二元户籍制度作为根本性制度障碍使得新生代农民工与市民的社会权利即工作权、居住权、社会保障权和受教育权也呈现出二元结构特征,新生代农民工在社会权利资源的获取上处于弱势地位。以新生代农民工子女的受教育权为例,对城市素质教育的向往促使大批新生代农民工子女涌入城市学校就读,其增长速度超出了城市公办学校的承受能力。教育资源的短缺导致很多公办学校在权衡生源质量等因素后难以完全敞开接受民工子女,能够进入公立学校享受国家免费义务教育政策的新生代农民工子女只是少数。

在社会权利和社会资源方面所处的弱势,需要新生代农民工自身进行维护,但是碍于社会关系网络的狭隘和组织资源的匮乏,他们没有畅通的渠道以表心声。在实现从农村到城市的就业转移上,新生代农民工主要依赖其传统的亲缘和地缘的社会网络,进入城市后的交往对象也受职业所限。然而,只有组织化的群体力量才能更好地表达自己的诉求,才能够有充分的实力与既得利益进行博弈;也只有组织化的公民,才能使得公民权利行动有序。他们与社区、外界社会群体鲜有交流,自我组织化的意识也更为淡薄,在寻求帮助无果时制造群体的过激行为与暴动事件以泄愤,引发了潜在的社会隐患。

新生代农民工的政治参与也受到其非市民身份的限制，导致他们在影响社会政策过程中“缺席”和“被动”。在社会二元体制下，新生代农民工不得不以经济中的工人和社会中的农民这样的双重身份在城市生活，生活空间的狭隘使他们缺少与政府之间的沟通，影响政策选择的力量微弱。虽然群体数量庞大但难以形成一股政治影响力参与城市的管理和群体自身社会利益的保护。城市居民的选举权与被选举权与他们无缘，也没有代表他们利益的有力声音来影响社会政策的走向。新生代农民工长期被排斥在制度决策之外，一些为其谋利的社会政策也与群体的实际诉求脱节。

（三）范式转型视域下的现行社会政策评析

新生代农民工作为联结中国城乡一体化发展的特殊纽带，其群体状况被认为是评判中国社会政策范式转型成功与否的一个重要指标。在当前一体化范式的总政策思路下，实质上许多城市现行的流动人口政策的主要作用对象是新生代农民工群体，多数政策也是与他们的市民化倾向相关。因而我们特别关注这些社会政策的创新与局限性，以求发现一元化范式转型中的困境及其解决路径。

1. 就业政策

近年来，专门为进城农民工提供就业服务的“春风行动”在全国各地相继启动，许多外来人口大市在促进农民工就业的基础上，彻底取消了以前对外来农民工流动就业的户籍限制和企业用工时先城镇后农村、先本地后外地的歧视性规定，并对外来农民工与本地职工实行同工同酬，以切实保障农民工与其他劳动者平等享有劳动权利。如江苏的苏州、无锡等“移民”大市致力于扶持农民工创业以带动就业，积极开展创业培训与创业服务，并以家政服务、养老护理和病患陪护服务等从业人员为重点，针对其岗位的特殊要求，开展订单式培训、定向培训和在职培训，并通过“工青妇”组织定期举办家庭服务从业人员的技能竞赛，培育精英人才。

2. 居住政策

新生代农民工呈现明显的“移民”倾向，但由于户籍禁锢难以彻底消解，多数人只是城市的“临时性居住人口”或“常住人口”。2010 年以来，苏南部分城市推行了居住证制度，一定程度上减轻了新生代农民工与城市居民的权益保障差距，也反映了政府将农民工积极纳入城市社会体系的事实。目前部分城市的“置房落户”政策虽已向农民工群体开放，可有限的经济能力和城市购房的潜在利益门栏搁置了新生代农民工的“市民梦”。另有一些城市采取积分制落户办法，优先考虑将农民工劳模、农民工高级技术人才等农民工优秀分子转变为市民，但对涉及全国1亿人以上的新生代农民工群体来说，这些政策的覆盖面极低，实施效果也只能是杯水车薪。

3. 教育政策

新生代农民工主体的年龄分布在30岁左右，他们都面临或即将面临子女教育的问题。2003年，国务院办公厅转发的《关于进一步做好进城务工就业农民子女义务教育工作的意见》中已明确提出进城务工就业的农民工子女应接受以全日制公办中小学为主的义务教育。在应对农民工子女教育问题上，苏州面临着较大的困境并做出了积极的努力。苏州农民工工作领导小组2013年工作要点中提出要"努力实现公办学校吸纳农民工子女比例达75%的发展目标，加强外来人口子女学校管理，规范其办学行为，开展合格农民工子弟学校的达标复查工作"。据统计，苏州昆山市全市28所公办学校和11所民办"新昆山人"子女学校，共接纳2.4万"新昆山人"子女入学，没有一名农民工子女因就学难在昆山辍学。

4. 社会保障政策

在国家调整农民工社会政策的实践过程中，就整体而言，面向农民工群体的社会保障制度的建设仍较苍白，仅少数地区针对农民工的社会保险制度展开了积极的探索。以苏州为例，就业的新生农民工中，53%没有参加苏州市任何社会保险。苏州市制造业的就业比例非常高，吸纳全市60.30%的外来人口就业，工伤保险参保率却只有52.45%。此外，装修建筑业也吸纳全市4.67%的外来人口就业，工伤保险参保率更低，只有34.74%，远未达到《工伤保险条例》规定的全部参保要求。

四、社会政策范式转型的困境分析

综观政府一系列城乡一体化政策的调控现状，当前新生代农民工城市生活的改善程度与真正完成市民身份的转变还存在很大差距。社会政策范式转型的理想与现实之间还存在着重重障碍。当"农民工"这一术语从中国大地上消失之时，也就是中国的社会政策范式从城乡分割的二元范式向城乡统筹一体化范式转型完成之际。

（一）社会政策改革的"碎片化"

现阶段的新生代农民工问题是一个包含了新生代农民工自身权益福利和城市政治、经济、文化的多元综合性问题。目前出台的针对新生代农民工的社会保护政策普遍存在涉及范围狭窄、不系统不完整与应急化的特征，且在实施效果上也差强人意。“碎片化”的社会政策改革仅是解决新生代农民工在城市生活中遇到的一些困难，但不足以帮助新生代农民工彻底融入城市社会。多年来，我国关于社会政策的学术研究与政策革新没有形成系统的理论框架和价值理念，对很多问题也是“头痛医头、脚痛医脚”地疲于应付，因此，当前的城乡一体化范式转型亟待对社会政策的战略性框架做总体设计与规划，构建一套完整的一元社会政策范式体系。

（二）政府在利益分配中的两难抉择

根据“理性经济人”的假设，把中央与地方政府从整体上看作两个“经济人”，他们有着追逐各自最大利益的本质属性，因而在社会政策上就可能出现非合作博弈困境。政府从某种意义上来说是城市当地人的政府，不是城市外来人的政府。在社会资源稀缺的情况下，新生代农民工的大量涌入使得更多的人参与社会资源的分配，原本只属于城市市民的教育资源、社会保障资源、土地资源等都受到了严峻的威胁，想要实现公平地分配利益就势必影响到城市居民的利益。因此，政府作为利益和资源的主要分配者，在面对当地人和外来人利益的公平分配时陷入了两难抉择。另一方面，地方政府虽然是中央派出机构，中央政府的宏观政策也由地方政府具体代表实施，但在政策的实施中必然存在与当地民情民意不相符的情况。地方政府作为当地民众的利益代表，在执行中央下达的规范命令时难以把握自我角色。

（三）社会组织与市民的助力不足

综合考量当前我国社会政策的制定与实施过程，其结果很大程度上取决于政府的责任承担，然而一个社会政策的践行离不开政策接受者的支持与积极响应。政府作为施政的单一主体，在政策的推进中与新生代农民工、企业雇主、市民等社会群体利益相悖时，就亟待社会组织外围的积极干预和市民的理解支持。其他国家的实践表明，社会第三部门的行动空间较大，社会群体影响政策选择的力量也会更强。因此，工会作为劳动者最主要、有力的利益表达渠道，在促进新生代农民工组织化方面尚不完善，在维权过程中也显力不从心，更难以发挥其对企业和政府的监督职能。其次，政策的转型必然挑战了城市市民原有的价值理念与生活方式。市民在面对政策调整时的自我调整与适应政策的过程是一个相当长的过渡，这期间产生的排斥与不认同心理便作用在了新生代农民工群体身上，对其“新市民”身份的转变不是助力，反而是巨大的阻力。

五、推进城乡一体化社会政策范式的路径选择

改变长期形成的城乡二元社会政策结构,实现社会政策一体化成为我国新一轮改革努力追寻的目标之一。为实现这个目标,笔者认为可以通过加强顶层设计、构建中央和地方政府的合作性博弈关系、社会政策主体多元化等路径来逐步缩小直至消灭城乡社会政策之间的差别,实现政策上的平等、体系上的互补和国民待遇上的均等化。

(一)加强顶层战略设计,通过城乡政策之间"衔接"与"整合"促进一体化

原有的社会政策发展受城乡二元结构的影响较大,现有政策设计仍沿袭了城乡分离的思路,身份二元化、碎片化特征明显。事实上,正如王春光所指出的,"需要进行社会政策战略性框架设计,建构社会政策的一元政策,现在到了全面、系统地改革我国社会政策体系的时候了"。实现社会政策一体化的关键是加强顶层设计,由于目前城乡居民、不同群体间实施着不同政策,而且不同政策间、制度间的待遇水平差距较大,因此我们需要分阶段、分步骤来进行。首先是加强两种政策之间的"衔接性",这是一个过渡阶段,主要是解决新生代农民工群体面临的现实问题。其次需要调整政策设计的理念,从实现城乡一体化的目标出发来构建社会政策的元政策,这是治本之策。

(二)构建中央和地方政府的合作博弈关系,破除两难抉择困境

中央与地方政府在协调城市当地人与外来人利益上的两难抉择是非合作博弈困境的具体体现,而这种非合作的博弈也直接造成了资源的浪费、政策效率的低下,成为实现社会政策一体化、公共服务均等化的重要障碍,为此我们需要建立、健全中央政府与地方政府的博弈规则,使非合作博弈转变为合作博弈。一方面要通过立法措施,制定配套的法律法规,引导和调整中央与地方关系,坚持法律调整的规范性与政策调整的灵活性相结合,只有法律调整与政策调整相结合,才能实现二元社会政策的有机统一;另一方面完善中央与地方政府间的信息沟通机制,中央政府在制定政策时要充分考虑地方政府利益,通过信息沟通机制的建立使中央政府能够及时有效地了解地方政府的困难。只有这样,才能使中央与地方政府间达到信息上的对称,保证合作博弈的形成。

(三)转变政策理念,实现社会政策主体的多元化,为一体化提供更多支持

"社会政策主体的改变正是世界各国的社会政策从最初阶段的高福利模式,到后来的新自由主义模式,再到后来的第三条道路模式的核心所在,也是世界社

会政策演变在我国的具体表现。”从我国的社会政策实践中不难发现，自 20 世纪末期以来，社会政策的主体正在转变为政府、市场、家庭、非营利组织、社区等多元社会主体，在这一多元系统当中，政府的作用就是形成一个政府主导的福利多元化的模式，形成一个不同系统共同发挥作用的制度框架。需要注意的是，在福利供应的过程中，必须首先理顺政府与市场、政府与公民的关系，进而加强政府与市场、与公民、与社会、与企业以及与非营利组织的共同合作。社会政策主体的多元化在提高公民的福利水平的同时也促进了社会政策从二元到一元的转型。

（作者为苏州大学中国特色城镇化研究中心研究员、苏州大学社会学院教授）

苏州新型城镇化发展目标和路径初探

吴莉娅

【摘要】 苏州抓住“农转工”“内转外”的历史机遇，形成了城市发展的“苏南模式”“苏州模式”，城市化发展取得全国瞩目的成就，同时也存在较大的发展问题，包括资源瓶颈益发明显、城镇竞争激烈、社会问题突出、环境状况仍需进一步提高等。在新型城镇化发展战略指导下，分析并确定今后苏州发展的目标为“国家历史文化名城和风景旅游城市、国家高新技术产业基地、国家现代服务业基地、长江三角洲重要的中心城市之一”，认为可以通过规划引领、制度创新、产城融合、网络发展、富民优先、循序渐进发展路径来实现这一目标。

【关键词】 新型城镇化　网络城市　城乡一体化　城市创新　产城融合

自20世纪70年代中后期以来，苏州抓住“农转工”“内转外”的两次历史机遇，大力发展乡村工业化、外向型经济，城市发展也由以小城镇建设为主要表现的自下而上城市化、分散城市化，向中心城市快速扩张、产业园区建设为主要表现的集中型城市化发展转变，形成了“苏南模式”“苏州模式”。到2005年，苏州基本实现小康，朝着“率先实现现代化”目标迈进，既有发展模式的不足、国内外发展背景的不断变化，城乡一体化发展战略、新型城镇化战略的提出，促使苏州不断探索新的发展路径。

一、苏州快速城市化发展

苏州有2500多年的建城史，唐宋以后更成为商贾云集的繁华城市，明清时期市镇经济更加发达，在中国城市发展历史上占有独特的地位。但一直到20世纪70年代，苏州仍处于城市化发展初期，即便是中心城区发展规模也不大，主要局限在古城范围以内。

从20世纪70年代中后期开始，在乡村工业化、外向型工业化推动下，在城市化发展方针及其变化引导下，在经济、政治、社会体制改革释放的红利推动下，苏州城市化水平不断提高。

（一）人口城市水平不断提高

从人口城市化来看，1982 年，苏州城镇人口为 108.24 万，其城镇化水平 20.52%；1990 年，城镇人口 146.01 万，城镇化水平达到 25.87%；2000 年，城镇化水平已接近 60%，远高于江苏和全国同期平均水平（见图 1）。

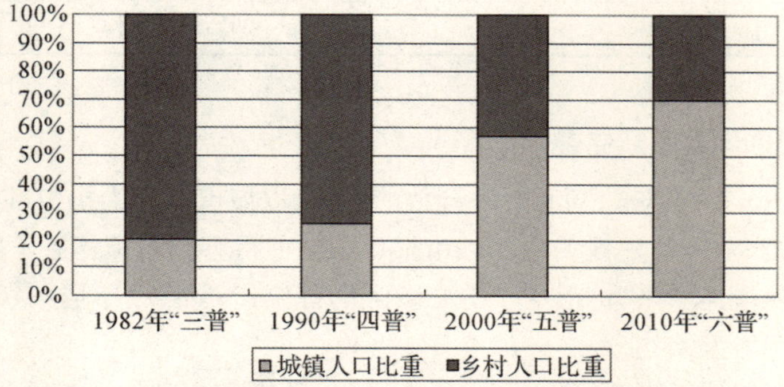

图 1　苏州城乡人口构成变化概况

数据来源《苏州统计年鉴 2012》。

（二）土地城市化水平迅速提升

苏州土地非农化发展速率非常快。1984 年底，苏州城市现状用地 32.2 平方千米，其近期（1990 年）城市规划用地控制在 42 平方千米，远期（2000 年）城市规划用地控制在 56 平方千米。1990 年—2011 年，苏州建成区面积年均增长速度达 31.51 平方千米/年。截至 2011 年年底，苏州建城区面积达到 698.8 平方千米，比 1990 年增长了 17.84 倍；比 2000 年增长了 7.08 倍；比 2005 年增长了 2.58 倍（如表 1 所示）。

表 1　部分年份苏州市区城市建设用地规模　　（单位：平方千米）

指　标	1990 年	2000 年	2005 年	2011 年
建成区面积	37.1	86.5	195	698.9
城市建设用地	37.1	86.5	202.16	651.57
居住用地	17.5	22.9	54	172.26
公共设施用地		6.7	13.9	64.58
工业用地	10.6	25.4	60.7	207.74
仓储用地	1.9	2.5	3.1	
对外交通用地	1.4	3.5	5.9	

续表

指　标	1990 年	2000 年	2005 年	2011 年
道路广场用地		7.6	29.2	70.9
市政公用设施用地		2.8	5.9	
绿地		14.0	28.3	
特殊用地		1.1	1.14	

数据来源:苏州历年统计年鉴。

(三) 城市体系不断完善

20 世纪 90 年代以来,随着对外开放的深入,以城市规划为指引,以“做大做强中心城市”和产业园区建设为主的城市发展策略使得苏州城镇体系不断完善。

从城市规模体系来看,形成了中心城区居首位、5 个县级市居中、64 个镇居底端的城市金字塔型结构。

从城市职能体系来看,形成了由中心城市、县级市市区构成综合性城市,由中心地型小城镇、交通运输型小城镇以及各种专业镇共同组成的城市职能体系。

从城市空间体系来看,形成了“一核五极两轴”的分布特征。中心城市集聚力不断增强,各县级市市区也处于空间极化状态,而沿江、沪宁沿线是人口密集、产业集聚、城镇密集地区。

(四) 人民生活水平不断提高

自 20 世纪 70 年代中后期开始,乡镇企业的发展和小城镇建设极大地促进了农村居民经济收入的增长,促进了农民生活水平的提高,苏州农民人均纯收入明显高于全国同期水平。无论是苏南模式,还是苏州模式发展时期,实现城乡居民共同富裕都是苏州发展的根本目标之一,在快速的城市化进程中,苏州城乡人民收入水平都明显高于全国同期水平。人民生活水平的提高,使得城市居民和农民对于高品质生产、生活方式更加向往,城市的生活方式、价值观迅速传播(见图2)。

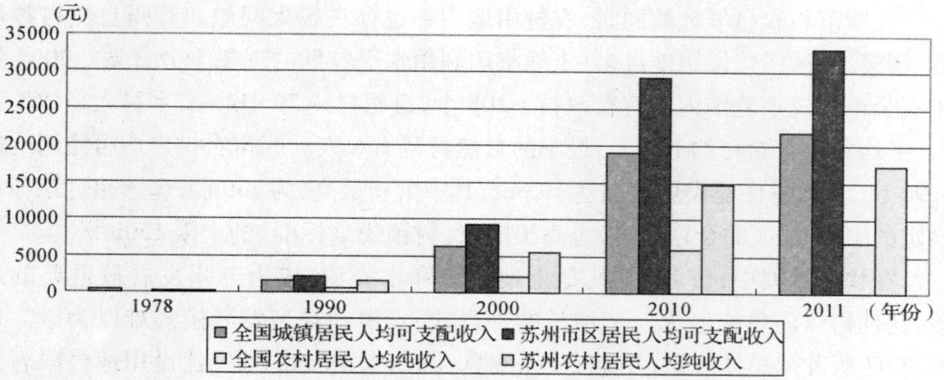

图 2　全国与苏州人民生活水平比较

数据来源《苏州统计年鉴 2012》《中国统计年鉴 2012》。

二、苏州城市化问题

在快速城市化进程中，苏州取得了全国瞩目的成就。2011 年，苏州 GDP 和地方财政一般预算收入居全国第 6 位，进出口总额居全国第 4 位，但城乡发展依然存在较大的问题和挑战。

（一）资源瓶颈益发明显

快速城市化进程中，苏州城市建设用地面积迅速增长，用地粗放，城乡用地矛盾尖锐，农地和河湖水面面积锐减，1975 年—1990 年间，苏州耕地面积减少 19.79 千公顷；1990 年—2005 年间，减少了 112.52 千公顷（见图 3）。人均耕地面积也从 1980 年的 1.1 亩/人降为 2004 年的 0.64 亩/人。传统的阡陌纵横、河湖密布的鱼米之乡景观被压缩在极其有限的区域范围内。

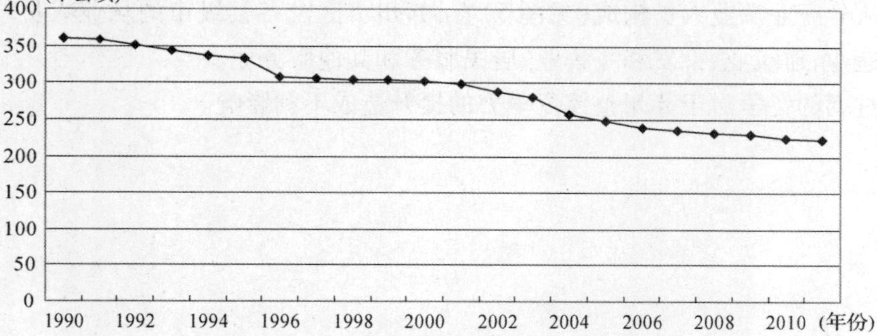

图 3　苏州耕地面积(1990—2011)

数据来源《苏州统计年鉴 2012》。

在城市与农村争地的同时，农村用地内部也存在较大问题。苏州自然村数量多、规模小，村庄建设用地过多、土地集约利用水平较低的现象十分普遍。2004年年底全市域规划范围内共有行政村1 105个，自然村约20 914个，乡村人口263万人，平均每个自然村约120人，最小的自然村只有6人。苏州农村户均居住用地达0.96亩，人均村庄建设用地高达193m²，其中太仓最高，为239m²，远远超过江苏省确定的100m²/人的合理标准，也高出国家《村镇规划标准》的上限150m²/人。

在快速发展中，资源，尤其是土地资源和水资源，成为苏州发展最重要的瓶颈，这使得以前单纯追求经济增长的外延式、资源消耗型发展模式难以为继。根据2007版苏州总体规划《用地专题》测算，苏州未来城市（镇）建设用地极限容量约为1800km²，如以卫星影像图分析得出的1998年—2004年年均建设用地增长量（132km²/年）推算，苏州市土地存量在保护基本农田的前提下，还可以开发建设2年，2008年前后将用光土地；如以卫星影像图分析得出的2003年—2004年年均建设用地增长量（283km²/年）推算，即使不保护基本农田，苏州市土地存量也只能开发建设7年，在2013年左右将用光土地。

故而，追求经济社会协调发展的内涵式、技术提升型模式成为苏州发展的首选。

（二）产业同构，城镇竞争激烈

一直以来，产业同构、城镇之间竞争激烈是苏州市乃至江苏省和长江三角洲地区都普遍存在的问题。

从GDP构成（见图4）看，苏州市区及其所辖各县级市工业比重相差无几，均在50%～60%之间，尤其是5个县级市（其中吴江于2012年9月撤市设区，并入苏州市区——编者注）之间工业产值比重的差距不到6%。

从分行业从业人员构成（见图5）看，苏州市区及各县级市的从业人员均集中在制造业、建筑业、批发和零售业、居民服务和其他服务业。

过度的竞争对于苏州整体竞争力的提升造成不利影响。

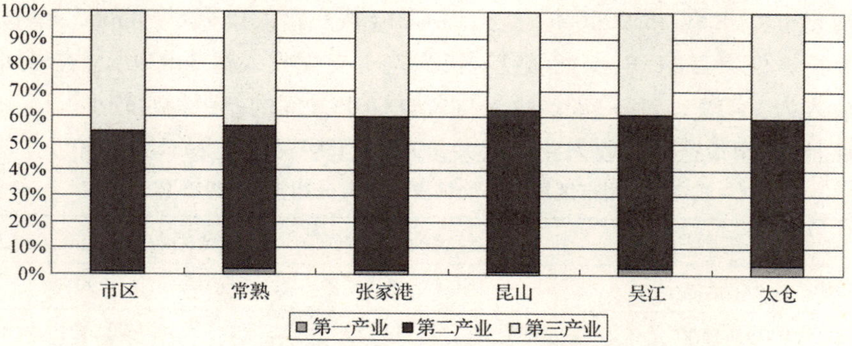

图 4　苏州 GDP 构成(2011 年)

数据来源《苏州统计年鉴 2012》。

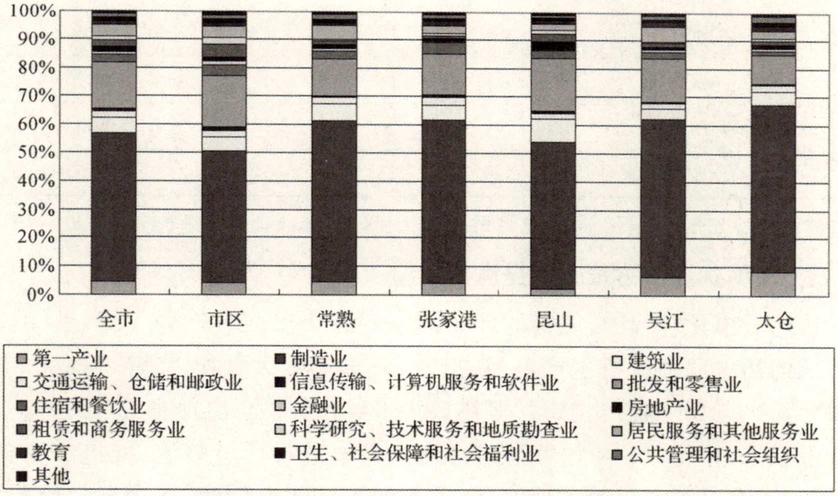

图 5　苏州分行业从业人员构成(2011 年)

数据来源《苏州统计年鉴 2012》。

(三) 社会问题仍较突出

在快速城市化发展过程中,就业、城市贫困、老龄化、农民工的市民化、老城区的更新、城中村改造等问题也困扰着苏州的发展。

在人民生活方面,虽然苏州积极推行城乡居民收入六年倍增计划,但"富政府、穷百姓"的局面仍未得到根本扭转。2012 年,苏州 GDP 为 12011.65 亿元,人均 GDP(按常住人口算)为 114029 元,按现行汇率折算为 18142 美元,而按户籍人口算,则数值应更高,可苏州市区居民人均可支配收入仅为 37531 元,农民人均纯收入仅为 19396 元左右,都远远低于人均 GDP 数值(如表 2 所示)。与此相比,浙江省温州市GDP仅3650.06亿元，人均GDP(按户籍人口算)为45667元，按年平均汇率折算仅为7234美元，而城镇居民人均可支配收入达34820元，农村居民人均纯收入为14719元，居民人均收入与人均GDP之间的差距相对较小。

而且，苏州市区居民收入差异较大，60%以上居民月收入不足3000元。

表2　苏州市区居民人均可支配收入分组情况(2012年)

组别	各组所占比重(%)	全年人均可支配收入(元)
1000元以下	2.9	9991
1000－1500元	11.2	15221
1500－2000元	17.1	21198
2000－2500元	18.3	26591
2500－3000元	12.2	32802
3000－4000元	16.1	40767
4000－5000元	8.7	53051
5000元以上	13.5	97676

资料来源：苏州市统计局. 2012年苏州市国民经济和社会发展统计公报，2013－04－17。

(四)环境状况仍需进一步提高

在快速城市化进程中，苏州的环境污染问题突出。1983年1月，浒关红叶造纸厂排放的污水危害黄桥水产养殖，造成鱼、珍珠蚌大量死亡，经济损失37.7万元；1985年4月，浒关红叶造纸厂等排放污水导致黄桥乡出现非正常死鱼。

十五以来，苏州以"两个率先"为指引，大力进行环境整治，推进产业转型升级，环境状况有了很大提升。2012年，苏州及下辖四市创建"国家环保模范城市"群，高分通过环保部复核，但苏州环境问题仍较严重。以降水为例，苏州市区降水pH范围在3.43～7.95之间，pH年均4.75，酸雨发生频率为70.7%，酸雨发生频率比上年提高23.0个百分点；吴江区及四市(县)城区降水pH年均在5.31(常熟)～5.83(张家港)之间，常熟、昆山和太仓降水pH列于酸雨临界值5.60，年酸雨发生频率范围在11.9%(张家港)～43.9%(昆山)之间。

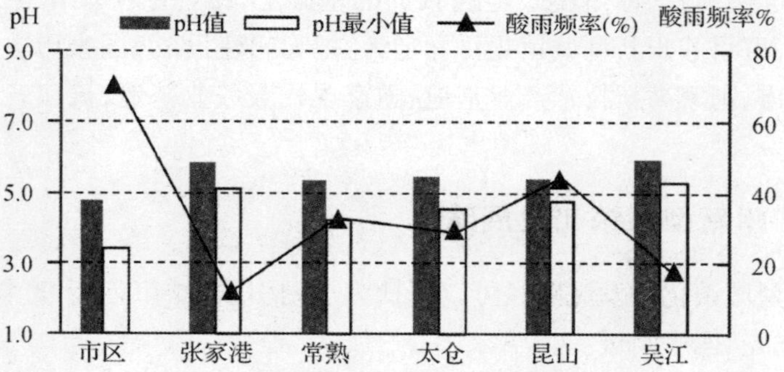

图6　苏州市降水情况统计(2012年)

数据来源:2012年度苏州市环境状况公报。

(五)强区域弱中心格局仍较明显

苏州市域范围经济发达,城镇众多,但从人口和产业分布来看,具有较明显的交通指向性,尤其是沿沪宁城镇发展轴和沿江城镇发展轴,是城镇人口集中、产业集聚的主要轴线,其发展更得益于上海这一国际性大都市的辐射和带动,而非苏州中心城区及各县级市中心的带动。

四、苏州新型城镇化发展目标

针对这些城镇化问题,苏州以"两个率先"为指导,在城乡一体化战略指引下,坚持城乡协调发展,党的"十八大"提出新型城镇化战略,为苏州城镇化发展指出了新的发展目标。

与传统城市化以城市人口占总人口比例高低作为衡量的尺度不同,新型城市化战略全面反思了传统城市化的症结,在承认依然将城市人口比例高低作为城市化计量的条件下,在以生态承载力上限所规定的适度城市化规模的基础上,所谓的"新型城市化战略"特别注重以"七大坚持"为核心,即坚持实现城乡统筹发展;坚持实现城市的创新发展;坚持实现城市的绿色发展;坚持实现城市的均衡发展;坚持实现城市公共服务的均质化要求;坚持实现城市的宜居性和文化多样性;坚持实现城市的现代化管理体系。

《苏州城市总体规划纲要(2006—2020)》提出了"构建以名城保护为基础、以和谐苏州为主题的'青山清水,新天堂'"的城市发展总目标,将苏州建设成为"文化名城、高新基地、宜居城市、江南水乡"。苏州市委十届十次全会提出了"三区三城"的概念,即把苏州建设成科学发展的样板区、开放创新的先行区、城乡一体的示范区,成为高端产业城市、最佳宜居城市、文化旅游城市。

在反思苏南模式、苏州模式经验教训的基础上，结合新型城镇化发展的内涵和本质要求，可将苏州新型城镇化目标定为：把苏州建设成“国家历史文化名城和风景旅游城市、国家高新技术产业基地、国家现代服务业基地、长江三角洲重要的中心城市之一”。

五、苏州新型城镇化发展路径

苏州新型城镇化的发展路径可以概括为规划引领、城市创新、产城融合、网络发展、富民优先、循序渐进。

（一）转变发展理念，规划引领

要转变长期以来经济增长优先发展模式，转变只注重城镇化数量增长、不注重质量提升的传统城镇化发展模式，就必须转变发展理念，坚持可持续发展、精明增长、城市创新、城乡一体化发展。

改变长期以来“一任领导一轮规划”“规划赶不上变化”的发展定式，在可持续发展理念、精明增长理念、城市创新理念、城乡一体化发展理念的指导下，认真研究苏州发展的历史、现状，分析苏州发展的优势、劣势和面临的机遇、挑战，科学规划，使得规划能够有效地引导苏州新型城镇化发展实践。

（二）城市创新是新型城镇化的基本动力

要实现产业转型升级、实现可持续发展，必须转变经济发展模式，从要素驱动转变为效率驱动、从投资驱动转变为创新驱动。苏州坚持以创新来带动城市发展，不仅积极推进高新技术产业园区的转型升级，还鼓励核心技术的研发和自主创新，大力发展生产性服务业。

（三）全球化与地方化结合，促进经济健康发展

苏州近 40 年的发展实践表明，完全的内生型城市化和过度依赖外向型经济，都会产生较严重的经济发展问题。近年来华尔街金融风暴、欧洲次贷危机等对中国经济的不利影响，都使苏州对外向型工业化、城市化道路进行反思。飞地型的外向型经济发展对于地方综合实力的增强并无太大意义，外资的植入是开端，实现成功着床、实现由产品本土化向研发本土化的转变才是关键，而且，根植于当地的本土企业的发展对于当地经济、社会、文化的发展似乎更具有积极意义。

（四）产城融合推动城市内部空间结构优化

工业化、第三产业发展和城市化是社会经济发展同一过程的两个侧面。从产业结构演变角度看，这一过程表现为三次产业产值和从业人员构成的此消彼长，

以及第二产业、第三产业内部结构的调整；从城乡地域空间组织变化来看，则表现为城市数量的增长、城市范围的扩张、城市内部结构的调整。城市创新的载体建设不断推进，成为中心城区空间结构变化的重要直接推动力。老城区更新过程中，退二进三是主旋律，研发、生产性服务、创意产业等是重点培育的产业类型；独墅湖科技创新区、苏州科技城等新兴城市产业载体建设对中心城市空间扩张、空间结构变化形成强有力的推动。

通过创新型城市建设，增加城市创新的有效供给，集聚新人才、发展新产业，由后发优势为主要推动力转变为先发优势为主要推动力，促进土地集约、节约利用，推动有苏州特色的创新型城市空间布局的形成和发展。

（五）集约节约用地，建设紧缩城市

在苏州市社会经济快速发展的形势下，一方面，城市化和交通基础设施建设进程加快，建设用地在相当长一段时间内仍将呈现上升趋势，人地矛盾更加尖锐；另一方面，伴随着城市现代化水平的提高及老城区退二进三、城市更新，人们对城市生态环境的要求也逐步提高，近郊区的城市人口迅速增长，避免重复发达国家，尤其是美国曾经有过的内城空洞化、内城衰败问题，也对城市土地利用方式转变、土地利用结构转变、土地利用布局转变等提出更高的要求。

土地利用方式要由外延增长向内涵挖潜转变，节约集约用地，大量盘活存量建设用地，合理扩展建设用地空间，促进古城区以外地区的土地的垂直利用和中心城市地下空间的开发利用，提高中心城市各业用地的效率和效益。

（六）绿色低碳发展，建设生态宜居城市

“上有天堂，下有苏杭。”在漫长的发展中，苏州一直注重山、水、人、城的和谐共生，形成了良好的城市发展氛围。

紧盯国内外产业发展新趋势，以“绿色、低碳”为导向，集中力量、集中资源、集中政策，加快培育发展以重大技术突破、重大市场需求为基础的新能源、新材料、生物技术和新医药、节能环保、新一代信息技术、高端装备等战略性新兴产业，推动产业结构优化升级。

（七）优化城乡空间布局，建设网络城市

网络城市指“两个或更多的原先彼此独立但存在潜在功能互补的城市，借助于快速高效的交通走廊和通信设施连接起来、彼此尽力合作而形成的富有创造力的城市集合体”。对于世界性大都市带和欧美都市区的研究可以发现，网络城市是世界城市发展的主要趋势。

交通条件的改善与提升对城市发展至关重要。苏州在城乡交通一体化理念的指导下，大力进行区域、区内交通走廊建设，沿江、沿沪宁线、沿苏嘉杭线等地带不仅是重要的交通廊道，同时也是产业集聚带和城市集聚带，网络城市发展已初具雏形。

苏州今后应该对传统的基于城镇行政等级的城市规模体系、城市职能体系进行重构，中心城市与次中心、重点中心镇之间的关系应尽快实现由行政权力分配联系起来的上下级关系，向协调、互补、竞争性合作的关系转变。

（八）富民优先，推进城乡一体化

人民群众日益增长的物质文化需求同落后的社会生产力之间的矛盾是中国现阶段的主要矛盾。而要实现传统城市化向新型城镇化的转变，实现人民生活水平提高、满足其不断增长的物质文化需求，既是途径，又是目标。

要通过制度创新，深化收入分配制度改革，改变经济效益滞后于经济增长速度、“政府有钱老百姓不富裕”的状况，大力推进收入倍增计划，促进居民，尤其是农村居民增收，实现城乡居民经济收入一个样、社会保障一个样、公共服务一个样，实现城乡一体化。

（作者为苏州大学中国特色城镇化研究中心研究员、苏州大学政治与公共管理学院副教授）

江苏城镇化进程中产业转型的探讨

朱　妍

【摘要】 随着江苏省经济的迅速发展和城镇化进程的不断推进，外来人口聚集、土地扩张、环境和社会问题不断凸显，产业转型和升级成为促进城市化发展的新动力，产业转型和升级的条件也不断成熟。本文探讨了产业发展对城镇化的促进作用，总结了江苏省促进产业转型的实践，并提出了对于城镇化背景下推动江苏省产业转型的思考。

【关键词】 城镇化　转型　升级　产业

【基金项目】 教育部人文社会科学重点研究基地苏州大学中国特色城镇化研究中心资助课题（GJ213115）；苏州大学社会发展研究院 2013 年度研究项目。

自从改革开放以来，江苏省的城镇化水平从 1978 年的 13.7% 增加到 2011 年的 61.9%。伴随着城市化快速发展的是经济的迅速发展、产业结构的不断调整以及产业的转型和升级。产业的转型和升级不仅是城镇化发展的动力，也在不断地推动城市结构的变化和城市空间的调整。

一、产业发展与城镇化的关系

关于产业发展对城镇化的作用问题可以追溯到关于工业化对城市化推动的讨论，早期的城市理论认为农业发展是城市化的物质基础，农业生产率的提升所产生的农业剩余产品与剩余劳动力是保证城市存在和发展的基本前提。工业化则是城市化的根本动力，西蒙·库兹涅茨甚至认为，工业化进程可以看成城市化的过程。工业化的不断发展，劳动力从乡村到城市的迁移，促进了城市人口在总人口中比重的提高，也就是城市化水平的提高。城市化的进程伴随着现代工业的发展。

随着现代工业的发展，聚集给产业带来了巨大的好处，于是产业开始在城市集中。乘数理论讨论了这种以城市外部市场为基础的出口产业对城市就业的带动。由于现代工业提供了大量就业机会，人口不断向城市涌进，并带动本地产品（本地生产和生活服务业）的市场需求不断提高，本地产品行业的就业率增加，从而，出口产业的发展以乘数的作用带动了城市就业的增长和城市化水平的提高。所以很长一段时期以来，城市发展理论关注出口部门的增长，认为出口部门的竞争力是城市竞争力的核心，也是城市成长的动力。与此同时，城市增长理论也认为城市服务业的发展会对出口部门起到促进或制约的作用。生产服务业的发展可以提高企业生产力，降低成本，并提升出口产品的竞争力。生活服务业的发展可以吸引劳动力，为企业提供更广泛的劳动力市场。但是，因为服务业的发展依赖出口部门的规模，因此脱离出口部门的基础，单纯通过发展服务业来带动城市化是舍本逐末的做法。当然，有些城市在区域或者全球化的分工中，出口部门就是服务业（比如美国的拉斯维加斯或者中国的丽江），那么发展出口服务业本身就是促进城市发展和城镇化的原动力。

所以关于城市化理论研究，人们很长时间把视角放在现代工业和服务业对城市化的促进上。认为工业化可以推动城市化水平的提高，城市化水平应该和工业化水平相适应，通过发展现代服务业可以促进城市化进程，改善城市化质量。

二、产业转型升级与城市经济发展

江苏的城市化在很长一段时间内就是由现代工业的不断发展所带动的。外来资本的大量涌进和本地资本的推进，促进了城市制造业的发展。这些制造业有些着眼于中国的巨大市场，有些着眼于较低的土地价格和劳动力工资所带来的低成本优势。改革开放以来，中国的沿海地区就是在这种低技术水平、低创新能力、低成本、低利润和高污染、高资源损耗工业的带动下，经济总量不断提升，城市化水平突飞猛进。但是由经济水平提升所带来的土地成本和劳动力成本的提高，加之人民币的升值，导致低技术产业所赖以生存的条件正在迅速恶化。地方政府也开始重新思考发展模式，并寻找新的产业发展方向来解决这一困境。企业和政府开始把眼光放在城市产业的转型与升级上。

产业的转型与升级是指产业由低技术水平、低附加值状态向高新技术、高附加值状态的演变趋势。产业转型与升级是城市经济发展、市民生活水平提高、城市空间结构改善的新动力。关于产业转型与升级的具体内容，有“产业结构调整”和“产业价值链升级”两种视角。

产业结构调整的观点认为，产业升级来源于结构调整，如刘易斯的二元结构转变理论、赫希曼的不平衡增长理论、罗斯托的主导部门理论和筱原三代平的两基准理论。结构理论认为不同产业的发展速度和对经济的贡献并不相同,有些产业份额的提升可以促进经济的快速发展。根据配第·克拉克定理,随着经济发展和国民收入的提高,第一产业国民收入和劳动力的相对比重逐渐下降,第二产业国民收入和劳动力的相对比重逐渐上升,当经济进一步发展时,第三产业国民收入和劳动力的相对比重也开始上升。或者劳动密集型产业比重下降,资本密集型产业比重逐渐上升,进而是知识和技术密集型产业比重的上升。在追求经济增长与初步工业化的过程中,人们往往关注产业结构的变化,对诸如“工业比重”“机电产品比重”“高新技术产品比重”等指标竭力追求,因为这些指标反映着结构的高级化。伴随着经济的发展,产业结构的确向着高级化转变,但是人们越来越发现单纯的结构调整并不一定能提升城市和区域的竞争力与利润空间。简单的跨行业结构调整——如从服装产业转变到电子产业——并不是真正的产业升级。例如,法国、意大利等国的服装产业在品牌、设计、质量以及价值创造上领先全球,而我国沿海地区组装键盘、玩具等的电子行业,却并没有核心竞争力,也不能获得高额的回报。学者对“中国出口之谜”问题的研讨也凸显了形势的严峻:中国出口商品结构的高度化已达到发达国家水平,但实际上仍处落后地位。

于是,产业价值链升级理论受到越来越多的关注。产业价值链升级理论认为,产业升级可以看成该国(地区)的企业以及产业整体在价值链上或者不同价值链间的攀越过程,其意义不仅仅是统计上的产业结构变迁,更重要的是增加价值获取,以及企业增加值、国家税赋、劳动者收入、企业与国家形象乃至自然环境等一系列条件的改善。产业升级方式有工艺(技术)升级、产品升级、功能升级和价值链间升级四种类型。其中,前三种类型可以被理解为同一条价值链上的升级,而第四种则可以被视为产业结构调整。结构升级应该是建立在前三种类型所导致的价值链升级的基础上的,而不仅仅是简单的产业结构调整。

从价值链升级的角度看,产业升级实质上是由低技术水平、低附加值状态向高新技术、高附加值状态的演变,产业升级的过程实质上是产业创新。制造业的升级初期往往走去轻工化和资本密集型发展之路,之后朝着创新和知识密集发展转化。在加工贸易领域,产业升级通常呈现出阶梯状演进的规律,即最终产品的加工、组装生产和出口→零部件的分包生产和出口→中间产品的生产和出口→国外品牌产品的生产和出口(OEM 和 ODM)→自创品牌的生产和出口。从欧盟的发展经验看,产业升级的成功在于有自己的特色,而不是个别集群的简单复制。只有那些根据自身实际、立足于本地区域优势和特色的产业,才能够真正发展起来。

伴随着产业升级,城市所拥有的产业集群内部的企业结构也会发生变化,Roberta(2007)的研究发现,发展较好的产业集群的企业规模往往由以小型企业为主向以中型企业为主演化。虽然以小型企业为主的产业集群生产灵活,适合柔性生产方式,但是规模小的企业抵御市场风险的能力较弱,往往在市场环境变化时处于劣势,从而在集群中不断被规模较大的企业所替代。所以以中型企业为主的集群不断繁荣,而结构没有调整的集群往往趋于衰落。在产业升级的过程中,产业集群还会表现出由最终消费品向设备品和中间产品转化、某些衰落产业的集群萎缩、集群内的产品质量得到提高等特点。

随着产业的转型和升级,城市的产业特点不断变化,对劳动力、资本和基础设施都提出了新的要求,城市政府需要为适应这种变化而调整城市空间布局和城市发展战略,适应城镇化和城市经济的新特点,并有效地为产业转型与升级提供条件和合理的政策空间。

三、江苏省产业转型的实践

以外商投资和乡镇企业为龙头带动的产业发展推动了江苏省的城市化进程,但是,随着生活水平的提升,城市内的劳动力成本和土地成本不断上升,传统制造业和劳动密集型产业的成本优势越来越难以持续,以成本为优势吸引外资,实行粗放式发展的模式已经显现出其不可持续性,外资有向综合成本更低国家和国内其他地区转移的趋势。近几年,江苏省利用外资规模增长日渐乏力,其中,苏南地区实际利用外资的增长率从2006年的25%下降到2010年的7%。各个城市开始越来越关注新的城镇化动力,把产业转型提升到战略性高度。2009年1月,《江苏省知识产权战略纲要》颁布实施,知识产权制度为战略性新兴产业提供了良好的外围环境,为科技创新提供强有力支撑。同年12月,江苏省委、省政府结合本省的发展实际,明确提出重点发展新能源、新材料、新医药、生物技术、节能环保、软件和服务外包、物联网七大战略性新兴产业。2011年底,江苏在对接国家规划基础上,结合本省的特点,制定了《"十二五"培育和发展战略性新兴产业规划》,提出发展十大新兴产业,将智能电网、海洋工程装备、云计算等作为新增的具有江苏特色的新兴产业。随着江苏沿海大开发以及海洋发展等国家战略的深入实施,目前"海洋装备工程"产值已超100亿元。而国家电网的一些核心研发机构也设于南京,南京、扬州等地的智能电网的核心竞争力不断增强。当前江苏新兴产业产值已经占到全国的25%左右。其中光伏产业贡献了全国太阳能电池产量的50%以上,生产和应用保持全国第一。江苏省产业转型的模式主要有以下几种。

（一）大企业主导的转型模式

这种模式强调龙头企业在产业转型中的引领作用，以有实力的大企业带动整个产业的综合发展，具体的做法是：①引进或者培植具有较强综合实力的大企业；②发展与大企业相关的配套企业或中间投入品供应商，形成以大企业为核心的产业集群；③促进核心企业和关联企业间的密切联系，在一定程度上形成资源和信息共享的公共平台，促进研发、生产、服务企业之间的联系。比如，扬州航集依托高露洁对周围牙刷产业进行了提升；苏州高新区依托爱普生、苏州大方、华芯微电子、松下电器等高技术龙头企业的集聚、引领、辐射和带动效应，拉长和完善了产业链，带动了一批具有自主知识产权包括自有品牌的中小型科技企业和研发机构的发展；常州创意产业园依托联创科技、新科软件、久通动漫、安利动画、银河动漫、宏图动画等龙头企业，形成了集动画创作、动画生产、动画音乐、网络游戏、国际服务外包以及动画衍生产品研发、市场运作、人才培训等环节为一体的产业链，组成了完整的动漫产业链，产生了明显的集聚效应。

（二）政府主导的产业园区转型模式

该模式是由政府根据区域发展需求，规划、建设产业园区，确定园区主导产业的选择，成立负责产业园开发运营和管理的公司，出台产业发展扶持政策等，并利用相关优惠政策吸引企业进入园区等。江苏省已经形成了众多的高科技产业园区和各种高新技术产业基地作为产业升级的载体。2010 年，江苏省已经拥有国家级开发区 23 个，省级开发区 108 个，拥有科技创业园、大学科技园、软件园、创业服务中心等各类科技孵化器 200 家，总量居全国第一位。在产业基地建设方面，江苏已建成 77 个国家级高新技术特色产业基地，建成重点研发机构 24 个，国家和省级重点实验室 72 个，国家和省级工程技术研究中心 592 个，国家和省级科技公共服务平台 230 个。形成了布局合理、服务功能齐全的良好发展格局。

产业园区聚集了大量的高科技产业，这种高科技产业的集群有利于辅助网络的建立，辅助网络利用公共技术平台将区域集群中企业联系到一起。如苏州工业园区便利用 IP 融合通信技术平台将一大批相关企业聚集在苏州工业园区，使它们协同进行技术创新及研发；而无锡矽太科技园则是依托国际技术转移平台聚集了 70 多家科研服务企业。平台的建设促进了创新网络的形成与建立，而产业集群形成创新网络发展又进一步巩固了这样一种网络联合模式。

同时，为了更好地促进辅助平台对于创新的作用，江苏省政府还加快了关于产业集群创新网络化政策法规的制定，如《信息化促进条例》等。政府还十分重视信息化应用领域的基础建设，为产业集群提供技术规范以及促进关键性标准的建设等。政府重点支持企业应用现有的辅助网络，利用信息技术进行内部资源及供应链管理，并积极促进市场提供辅助的信息技术服务。政府组织省内外 IT 企业、工业软件平台供应商和生产性信息服务企业跟产业集群内企业的合作，促进了相关产品的开发和服务技术的升级。

（三）政府主导的产、学、研合作的转型模式

该模式强调发挥大学科研资源丰富的优势，通过政府与企业、大学、科研院所的合作以实现产业的转型和发展。即依托大学科技园，通过政府政策扶持和产业规划，整合高等院校和研发机构、相关企业等科技资源，进而形成产业链比较完整、功能较为完备、竞争优势明显的新型产业集群。

江苏省是全国科教大省，高水平科研机构密集，科研水平较高，产学研合作成果显著。截至 2012 年底，在科技部发布的《中国区域创新能力研究报告》中，江苏创新能力排名连续 4 年位居全国第一；2012 年科技进步贡献率达到 56.5%，发明专利申请量居全国第一。清华大学技术创新研究中心的研究显示，从我国高等院校科技活动分析，北京位列第一，上海和江苏处于第二集团。

江苏省在促进产学研结合方面的重要举措包括以下方面。

一是强化企业主体地位，增强企业创新能力。设立省级科技上市企业培育专项资金，对进入上市辅导阶段的科技企业关键研发项目给予专项支持。扶持民营科技企业加快发展，开展一对一帮扶，组织对企业家和技术负责人的业务培训。

二是加强关键核心技术突破，推动产业高端化发展。实施高技术攀登计划，加强关键核心技术攻关，组织实施重大科技成果转化项目，启动建设苏州纳米技术、泰州生物医药、南京通信与网络三个科教结合产业创新基地，率先开展科教协同创新试点。加强新技术新产品推广应用，设立专项资金，重点支持一批产业化前景良好的新技术新产品开拓市场。

三是深化科技体制改革，促进科技经济紧密结合。实行科技政策落实情况与科技计划项目立项、厅市会商和科技进步考核“三挂钩”，建立科技政策辅导员、科技政策助理员、科技政策宣讲团、科技政策咨询团等机制，下派政策宣讲团、政策辅导员服务企业。启动科技金融合作创新示范区，利用科技支行和科技小贷公司解决企业融资问题，联合财政资金设立省天使投资引导资金，支持创业投资发展。

四是提高人才引进力度，通过实施人才强省战略，目前已形成人才资源总量稳步增长、人才素质大幅提高、高端人才推动产业创新发展的良好局面。省政府相继出台了"江苏省高层次创新创业人才引进计划""科技创新创业双千人才工程""科技企业家计划""企业青年博士计划",围绕装备制造、信息、生物技术、新材料、新能源等优先发展的重点产业,大力引进并培养高层次创业创新人才和团队。

此外,江苏省还利用丰富的人才和科教资源,通过高新区和科教创新区的方式为产学研合作提供广阔的天地,为科技自主创新打造高效的平台。有代表性的包括南京模范路科技创新园区和苏州独墅湖科教创新区。

四、对城镇化背景下推动江苏省产业转型的思考

江苏省的产业发展在很长时间内充分利用了经济全球化所带来的"后发优势",即瞄准先进国家的先进科技和产业,用模仿和学习的方式不断地追赶,以期达到快速的经济增长和缩小发展差距的目的。在这种模式下,江苏省的产业发展对制造业的发展和供给方因素过度关注,导致产业低端,服务业发展滞后。随着低成本优势的丧失,江苏省的产业面临着东南亚和南美一些新兴国家的激烈竞争,一些劳动密集型产品的生产已悄悄地转向成本低廉的新兴国家。新一轮的全球经济萧条也对江苏省的经济发展提出了挑战。随着城市化水平的提升,江苏省应充分利用城市化的契机,推动产业的进一步转型。

(一)充分利用城市化对产业转型的推动作用

以城市化为主导的产业转型不同于以工业化为主导的产业转型。主要表现为:①更为关注服务业的发展。以城市化为内容的产业转型升级,因为要解决城市化进程中的企业生产和居民生活的基础设施与环境问题,因此把资源大量地投入到消费服务、生产服务和公共服务产业中,其结果必然是农民的市民化和服务业的高速发展。②更有力推动需求增长和市场形成。以城市化为内容的产业转型与升级进程,由于对城市基本建设费用上的巨额投资,在促进农民工市民化的基础上,必然会产生对传统产业产能和基本服务业的巨大需求并推动经济增长。③更有利于解决就业问题。以城市化为内容的产业转型升级,由于服务业往往是劳动密集型产业,而更为偏爱人力资本,随着生产服务业和生活服务业的发展,不仅有利于改善企业生产的外部环境和居民的生活水平,也有利于实现各个层次人才的充分就业。

(二)进一步促进产学研结合,构建创新中心作为转型动力

产业转型的基础依赖于不断创新,现代经济是创新所引领的经济。新技术、

新产品、新服务和在此基础上培育的新需求是经济增长的来源。而持续的创新，不能单纯依靠某种新技术的研发或引进，或者某种新产品的生产，而是依赖于一种有利于创新的体制。在构建这种体制时，要充分考虑各种资源和制度因素。原美国加州大学伯克利分校的校长田长霖教授认为，一个高科技园区成功的重要条件之一，就是要有一个知识中心。而地方高校在构建这个知识中心的过程中扮演着重要的角色。要实现产学研的结合，构建有活力的创新中心，需要各种要素和制度上的保证。

首先，产学研的联合需要为高校的研究人员提供了解市场需求的途径。要为高校师生创造与产业界密切联系的途径和产学研结合的常规机制，如为教师提供到企业兼职、到地方政府挂职等机会，或者为在校生提供到企业常规实习的机会，引导学生在校期间参与以技术或者管理创新为目的的研究探索。其次，要构建一个有利于大学和产业界充分沟通的产学结合机制。地理上的临近性是创新外溢的重要条件，因此，对于转型期的城市来说，应鼓励大学与企业的充分沟通及合作，并为大学和企业的合作提供法律与制度基础，打通成果的商业化通道，健全以企业为主体、产学研相结合的创新体系。再次，改革政府资金引导的方式。政府扮演的角色不应该是创新的领头羊，而应该是创新的推动者和创新环境的构建者。可持续性的创新主体必然是企业，因此，政府的资金应该朝着构建产学研联合的常规机制、推动企业形成自主创新能力的方向集中。最后，政府主导建设产学研公共服务平台、产学研联合实验室和工程中心，强化共性技术服务网络建设。因为较大的规模经济要求一个企业构建服务和技术平台的动力不能不足，而且，创新能力较强的往往是相对灵活和以柔性生产方式为主的中小企业，它们由于资金的紧张和规模的限制，往往也难以构建达到规模经济的服务和技术平台。因此，政府可以在这个层面上起到很大的作用。

（三）结合城市特点，合理发展现代服务业

在产业转型升级的进程中，江苏省各市政府都不约而同地求助于服务业的发展，并对服务业的发展提出了较高的目标。但是，服务业的发展具有其自身的特点，在发达国家将"再工业化"和重振制造业作为重要的发展战略的时候，我们要更为谨慎地对待服务业的发展，不考虑自己的优势，盲目扩大服务业的份额，不仅不利于城市经济的转型，可能还会带来一系列的负面效应。城市发展服务业要充分考虑以下方面。

1. 不同等级的城市，根据城市的特点选择适度的服务业规模

在现代城市体系中，不同等级的城市其功能有很大的差别，经济结构也大不

相同,因此发展现代服务业在不同城市不能实行一刀切的政策。大城市由于人均收入水平高,人口总量大,收入需求弹性较高的服务部门可以得到较好的发展。因此,大城市会形成门类齐全的服务业部门,并可为低级别的城市提供服务品,如专业化的医疗服务、高等级的娱乐服务等,可以形成大规模的现代服务业部门。与此不同的是,中小城市由于产业资源配置主要受制于分工和竞争等因素,产业选择必须服从于专业化、集聚化所产生的低成本因素,难以形成也没有必要形成门类齐全的服务业体系。所以,一刀切地在所有城市中提高服务业份额,要求所有城市的第三产业都达到较高的比重,不符合经济的发展规律,同时也会形成资源的浪费。

2. *在各城市中形成有特色的服务业产品*

改革开放以来,随着人们生活水平的提高,从追求解决温饱的生活水平阶段逐渐过渡到基本实现小康水平的阶段,目前逐步进入消费转型升级的阶段。这意味着人们的消费结构已经发生根本性的变化,旅游、教育、文化、房产和医疗保健等消费支出在居民支出中所占的比重将越来越高。根据国际经验,人均 GDP 达到 3000 美元之后,产业结构和消费结构都将产生重大改变,人们的消费将会实现由满足基本生活需求向满足享受和发展需求的升级,这客观上说明我国消费领域亟待发生较大的转型。江苏省各城市的企业和居民对服务产品的需求具有相似性,但不同城市在满足服务需求方面往往有自己的优势,江苏省各城市应有效地利用自身的优势,形成覆盖区域范围,甚至全国范围的服务中心。

3. *利用服务业全球化的契机推动服务业发展*

发展现代服务业需要让服务业深度参与全球产业分工。江苏省的制造业在发展过程中,受到经济全球化的动力驱使,其增长受全球市场需求的支持,但是服务业的发展方式因受其技术特征的影响和制约,还基本上是本地化的,受制于本地狭隘的消费市场。转变服务业的发展方式,突破服务业在技术上不可贸易的初级特征,在信息技术等支撑下寻求全球化发展的理念和手段,逐步使服务业产品突破区域性的限制而融入全球市场、进入全球价值链的研发设计和品牌网络营销环节,可以促进产业转型的实现。

(四)促进落后地区发展和产业在区域间的转移

产业转移对产业迁出地来说,可以为产业转型与升级创造空间,对迁入地来说,吸引了产业,提高了经济总量。广大的苏北地区是保持江苏省经济持续增长的有力后盾,发展苏北地区经济,可以为产业在区域间转移提供基础。缩小地区发展差距。促进产业向苏北地区转移，可以从以下几个方面着手：①对苏中、苏北地区实施产业扶持，调控增量。对新上马的项目，要实施差别化的产业政策，优先在苏北地区布局建设具有比较优势的对成本敏感的劳动密集型项目，并在项目核准、土地审批和金融支持等方面给予优惠政策。这是培养苏中、苏北地区自我发展能力的关键。②调控存量，促进苏南地区产业向苏中、苏北地区转移。引导苏南产业向苏中、苏北转移，关键要做好两点：一是建立转出地的产业转移激励机制，促进产业转出地的产业升级和利益补偿；二是优化承接地的经济环境，增强产业转移后的根植性。优化区域投资环境的关键在于培育一系列有利于企业发展的条件，如高素质的劳动力、良好的基础设施与可利用资源等。

（作者为苏州大学中国特色城镇化研究中心研究人员、苏州大学政治与公共管理学院讲师）

短　论

精英回归与聚集：江南新型城镇化文化绵延之路

张劲松

以苏南浙北为核心区域的江南，风景秀丽，重文强商，堪称天堂。进入 21 世纪，江南区域推进城乡统筹发展，新型城镇化建设成为江南农村的又一次跨越。这样的改革，推进了城乡生产要素的优化配置和发展方式的转型升级，进一步强盛指日可待。在江南经济强盛的同时，如何绵延江南文化仍是时代重大课题。笔者认为，让各类社会精英回归与聚集城镇，是绵延江南文化的重要途径。

一、江南小镇扬名之秘

江南文化算是一种情义绵长的代表，被广为传颂的才子佳人等佳话则是对文化底蕴的另一赞美。江南经典的粉墙黛瓦小桥流水式建筑风格，也别有一派恬静内秀的韵味。

轻点鼠标，江南胜景的介绍令人神往。小镇周庄，依河成街，桥街相连，河埠廊坊、过街骑楼、临河水阁，一派古朴幽静，是江南典型的“小桥流水人家”；小镇同里，学子苦读，知书达理，教育发达，人文荟萃；小镇乌镇，依河筑屋，水镇一体，组织起水阁、桥梁、石板巷等独具江南韵味的建筑因素，体现了“以和为美”；小镇南浔，无论是三叠式的烽火墙，还是拱形的过街卷洞门、水柱廊檐，或是老百姓忙碌的身影，都在像一面镜子般的河面留下了完美的倒影，一河两岸，隔岸观景，相看两不厌；小镇角直，河水清清，环境幽雅，鸭沼清风、分署清泉、吴淞雪浪、海芷钟声、浮居夕照、渔莲灯阜、西汇晓市等景点虽然历经磨难，大部分已经被拆除，但仍能找出它们当年恢宏的风采，有 1300 多年历史的古银杏树更是令人赞叹不已。哪怕是江南小村，也能名扬天下。东山陆巷古村，寒谷山庄、北箭壶、观音堂等“72 堂半”明清高堂巨宅鳞次栉比，至今保存完好的明清建筑有 30 余处，是苏州吴中区古建筑群中数量最多、保存较好、质量最高的一个村庄，被誉为“太湖第一古村落”。

江南小镇扬名天下的秘密何在？除了地理位置、历史、经济等因素成就其名之外，更重要的是，江南有悠久的文化及创造其文化的精英。且看江南镇或村名景：

周庄：沈万三故居、沈厅、一稀堂博物馆、怪楼、全福讲寺；同里：退思园、耕乐堂、环翠山庄、三谢堂、侍御第、卧云庵、城隍庙、尚义堂、嘉荫堂、崇本堂；乌镇：枕水人家、逢源双桥、宏源泰染坊、文昌阁、立志书院、矛盾故居、林家铺子、夏同善翰林第、江浙分府、昭明书院、乌镇老邮局、孔另境纪念馆、王会悟纪念馆；南浔：小莲庄、嘉业堂藏书楼、江南民俗风景区、刘氏梯号（红房子）、广惠宫、镇史馆、求恕里、张石铭旧宅、张静江故居、百间楼；陆巷：陆氏宗祠、衡南陆公祠、惠轩书室、陆苏九宅第、石板道、白沙码头、水井。

参观江南村镇，明眼人通过这些名称也能看出，江南名胜人文胜过地理。若缺少了政治、经济、文化精英回归或聚集于乡里，绝无今日江南村镇之名胜。甚至，从一定程度上讲，今日之江南小镇就是昔日各类精英所造。明初首富沈万三周庄建宅，尚书董份归隐南浔造百间楼，首辅王鏊修陆巷，文学巨匠茅盾居乌镇写名著《子夜》，叶圣陶授学角直作《多收了三五斗》，清兵备道任兰生革职回乡建退思园。历代精英或退隐还乡造宅，或商业大成藏富于乡里，或聚于斯造就文化经典。各类精英回归或聚集于斯，造就了胜景，也可以说精英就是胜景。

二、江南新型城镇化之殇

改革开放以来的30余年，江南成为中国改革开放的桥头堡，江南率先走向了富裕，工业化、城镇化、现代化、信息化基本完成。尤其是进入新世纪之后，江南改革开放加速，江南农村发生了翻天覆地的变化，政府鼓励农户把集体资产所有权、土地承包经营权、宅基地及住房置换成股份合作社股权、城镇保障和住房，并推动工业企业向园区集中、农业用地向规模经营集中、农民居住向新型社区集中，从而转变了农民的生产生活方式。农民变成股民，收入依靠经济发展而不单纯依靠农业，农民走上了“家家有物业、户户有资本、人人有股份”的共同富裕之路。江南仍然那么富足，江南的城镇化已成为全国的范本。但是，江南城镇化道路之殇，令人扼腕。

首先，江南城镇化消灭农村之殇。江南城镇化将农地集中、农民集中，其经济效果是极为明显的，这是快速富裕的必由之路。但是，当城镇化之后，我们发现这种城镇化与西方发达国家走过的城市化、工业化道路，没有太大的区别。农民住进了现代化的城市住宅，现代化生活水平很高。有的农民经拆迁与还建，成了房主，有了大量的物业收益。农民的富裕及其富裕后的生活方式，甚至其居所，俨然西方化、城市化、现代化了。可这样一来，其不足也就显现出来：江南还有什么是属于自己的、本土的、民族的？江南特有的文化在哪儿呢？

其次，江南城镇化无精英回归之殇。落叶归根是中华文化之精华，国人不管身在何方，对故乡的眷恋刻骨铭心。落叶归根，寻宗问祖，维系着游子与故乡之情。古代如此，今亦如此。不幸的是，今日江南之城镇化，未能为远方游子预留回归之地。江南人在海外为名流、国内为名士的，比比皆是，而能回归者少。究其因，乃现有政策未为其留立锥之地。现有政策规定土地国有或集体所有，户籍、土地制度对精英回归有诸多制约。缺少了当代精英，江南文化必将断裂，难以绵延，这是当今江南城镇化之硬伤。

再次，江南城镇化精英难聚集之殇。当前江南城镇化的重点是发展经济、促民富裕，这是无可厚非的。但不能因这些重任，就忽视了江南厚重文化的延续，江南精英辈出，政治精英、科技精英、文化精英、艺术精英及经济精英等，他们或海外创业，或效力高校，或艺游全球。即使其非本地精英，又有几人不喜江南文化、天堂之地的？引凤回巢、引凤筑巢，天然条件优越。然则，当今在引凤上，江南城镇化未能将其作为必要任务。缺少精英聚集的城镇化，将让江南失去人杰地灵之优势。

三、江南新型城镇化文化延续之核

让各类精英回归与聚集，是江南文化之内核。富商刘墉拥小莲庄，南浔扬名；王鏊归隐陆巷，唐寅、沈周、文徵明才有机会被栽培；叶圣陶《三棵银杏树》勾起人们对旧时往事的回忆，甪直成人们神往之地。这就是江南文化的魅力，优秀的传统文化要绵延，这一点越来越被江南人所重视。

当前，江南新型城镇化延续文化要做好如下两方面的工作：

一是重塑文化。整体来说，江南区域无论是政府，还是民间，基本上“不差钱”，江南一些地方政府也非常重视重塑文化，如重建名镇，重修古宅。但是，普遍存在的却唯有商业内容的“文化打造”，不利于文化延续。的确，江南小镇能延续成为人人向往的天堂，与其重商是分不开的。可无论如何，仅有商，肯定是远远不能造就江南名镇的。江南城镇化除了要拥有商业之表外，还要有精英回归与聚集之核。有精英，有商业，有文化传播，有生活其中的公众，这些是造就江南特色不可或缺的因素。一个没有精英生存其间及由其传播文化的商业之地，也就缺少了文化延续的内核，这样的商地，随着市场的起落而起落，盛与衰的转变在一夜之间。而精英汇聚之地，即便受市场影响，出现不景气，也只是市场的不景气，精英与其伴随的社会资本能够聚集人气。精英汇聚是江南城镇长盛之内核，江南城镇化就需要再造这样的内核，想尽一切办法让各类社会精英回归与聚集，是当务之急。

二是形成共生。江南城镇化过程中，让精英回归与聚集，需要形成城镇各群体共生的环境。史上名士回归，能将其文化知识传播乡里，影响民风，形成强大的社会资本，并形成集镇财富汇聚之势，社会各界逐渐在名人居近之地，形成农工学商等和谐共生的局面。社会精英融入村镇，与村镇共生共荣。这样村镇就形成了凝聚力，造就了向心力，实现了自然环境和人文环境和谐相处的整体美。古之小镇兴起与强盛缘于斯，今之城镇化不能没有这样的文化生态。能让精英与民众共生共荣，才能再延江南优秀传统。而今之各类精英，均有能力服务于城镇。让精英回归与聚集，并形成能让精英长居的共生环境，这要靠江南各地政府的努力！

（作者为苏州大学中国特色城镇化研究中心副主任、苏州大学政治与公共管理学院教授）

论城镇化进程中环境维权的衍生与应对

沈承诚

伴随城市化与工业化的进程，西方国家出现了持续恶化的环境生态问题，进而引发为生态社会运动，这促使了西方国家的社会转型，即逐渐走向生态社会模式，这种转型直接外化为西方国家经济结构的转变、环保文化的发展和环保行为的塑造。外源式现代化的中国本可在城镇化与工业化的发展中借助后发优势，规避西方国家先污染、后治理的发展教训，实现经济发展与生态保护的良性互动。然而，诸多因素的交织影响使我国也不知不觉陷入了总想避免又无力回头的"先污染、后治理"状况。面对频发的生态危机，社会公众环境维权的诉求与日俱增，在无法得到有效回应的条件下，必然形成以环境维权为主要标的的群体性事件。

戴维·波普诺指出："现代社会最为显著的特征之一是，为了促进社会和文化的变迁，今天的人们更愿意进行集体的、有目的的行动。伴随而来的最重要的方式之一就是社会运动。"在全球生态危机背景下的生态环境保护运动及生态民主价值对资本主义生产方式、制度和权威提出了严峻挑战，成为环境维权、影响政府公共政策过程和内容的重要力量。正如克里斯托弗·卢茨指出："在新社会运动中，就它们活动的专业化及其接近决策者的规范性而言，环境运动对政治具有最持久的影响力并且经历了最广泛的制度化进程。"那么，中国场域的环境群体性事件是否也呈现出如西方学者所言的功能呢？即环境群体性事件作为中国社会常见社会运动主题，能否在中国场域促成地方政府进行社会管理的创新呢？中国政府又是如何做出回应的呢？

中国语境下的社会运动以生态环境恶化背景下兴起的环境群体性事件最为典型，它既可能涉及农村、城市及城乡交接处这三个地理区域，又包含农民、工人、学生、学者、环保组织等多元参与主体。以厦门PX事件和广东番禺垃圾焚烧发电厂事件为始，民众的环境维权诉求更倾向于通过"散步"、集体上访甚至游行示威等方式进行，强调与政府进行平等的对话与协商。

当然，利益相关方的环境维权标的也表现出明显的“后移”现象，即从单纯的环境维权后移为表达对现存经济政治制度及其造成的利益分配结构的不满。非利益相关方在缺乏直接利益诱因的条件下参与群体性事件，更表明存在共同或类似的社会“不满”情绪，这表明整个社会的利益结构已部分失衡，社会“断裂”与阶层对立倾向较为明显，且相应以“话语权”（利益表达及利益获取可能）为内核的利益救济体制及机制已趋于低效。这就对“就环境维权谈环境维权”的传统应对思维与模式提出了有力的挑战，需要我们做出思维转换与模式重塑，即将环境群体性事件治理置于更为宏观的思维框架之中，同时建构更具弹性的治理体制与机制。

因此，要对环境群体性事件的复杂性有比较全面和充分的认识，既不能简单地用环境维权一概论之，也不能笼统用矛盾学说加以解释，更不能对具体事件简单地用合法还是违法来匆匆定性，而是要在国家与社会的分析框架下，通过社会管理创新形成政府与公民之间的良性互动关系，寻求化解各类社会矛盾的理性途径，这是预防和治理群体性事件的根本思路。

从环境群体性事件中的“零和”式的博弈过程来看，博弈主体的博弈策略也始终囿于工具理性之中，譬如“死不认账”“息事宁人”“以依博弈”“造势与度势”等，其博弈结果必然是博弈成本高昂、博弈过程漫长的“零和博弈”。事实上，利益主体在价值理念博弈、权力博弈与利益博弈中，要实现共存与“双赢”，就都必须反思自身的工具理性，实现对工具理性的超越。这需要交往理性与妥协理性的孕育。交往理性强调利益主体间在平等对话协商的基础上，形成共识，走向合作，而非如工具理性一般强调目标或者说利益的最大化，自身价值的优先权等。另外，环境群体性事件治理必然涉及复杂的利益格局调整，这种利益格局调整自然无法一帆风顺或一蹴而就，必然演化为一种长期的社会冲突，妥协理性地适时介入，对于形成有效社会管理有着重要的意义。

在实现价值重塑的同时，寻求价值共识应该从社会管理系统内部的自我改革入手，并使公共权力的合法性基础从传统习惯经由个人魅力而走向法理政治，否则社会价值共识的制度性保障缺失就会导致周期性的社会阵痛。具体来说，社会价值共识包括：①社会管理中的公共协商体制；②社会管理中的选举体制；③社会管理中的社区自治体制。公共协商强调激活协商存量，孕育协商增量；基层选举强调拓展选举广度，挖掘选举深度；社区自治强调厘清权力边界与实现权力对接。在交往理性与妥协理性的价值浸润下，借助社会管理框架，各利益主体能够实现真诚且切合情境的对话与沟通。

在期望良好社会管理体制发挥纠偏功能的同时，应考虑到在缺乏主导性价值统驭的公共空间中,政府、企业和社会个体的“心灵”可能被“财税最大化”“利润最大化”和“无尽消费欲望”所驾驭。因此,对相关主体行为的规塑机制不可缺少:以生态治理上的“政治锦标赛”作为塑造政府生态治理意愿与行为的机制、以生态资本化作为塑造企业环境友好意愿与行为的机制,以生态社区与生态伦理作为塑造生态公民的路径。政府在面对公众利益诉求时,理性的做法是“积极回应”“主动调适”与“未雨绸缪”。另外,我们无法完全从逻辑上否定资本逐利及扩张的合理性,我们可在认知资本逻辑作用条件的基础上,通过相关理念、体制与机制创新,使其作用结果符合我们的预期。使用“飘浮在空中”的“超道德”来作为塑造企业环境友好行为的路径,似乎就进入了“现象解释现象”的困境之中。

(作者为苏州大学中国特色城镇化研究中心研究员、苏州大学政治与公共管理学院副教授)

敬畏自然与历史：新型城镇建设的基本原则

聂保平

千城一面，已然成为近二十年来中国城市化过程的"新城"之痛。楼群高耸后的逼仄空间，光洁玻璃立面的刺目反光，寸草不存广场上的烈日炙烤，遇暴雨即涝且堵的城市交通，以及河道水网散发的刺鼻气味，不仅是中国城市的基本现状，也是如今城市人必须承受的生活之重。究其根源，除了经济快速发展和GDP主义政绩观的推动外，一个更为深层的原因，是城市的决策者、设计者乃至大多市民，对自然和历史的敬畏之心丧失殆尽。这，正是新型城镇建设的前车之鉴。

从自然的角度看，遍布中国的城镇比城市更具自然地理条件，如沃土、溪流、植被等。但是，曾经的"新城"建设中，山林与沃土被无情地"三通一平"，溪流被无知地截弯取直，缤纷的植被变成灰色的水泥硬地，空气不再清晰，鸟鸣因此消逝，草本气息远离了人的生活，本该可以与人的生活一起丰茂的自然生机，在城市人的生活里枯萎了。这，是人对自然肆虐的结果。

如果说城市的发展必然要以对自然性的有限破坏为代价，那么，我们在新型城镇建设之初，是否可以心存敬畏地面对城镇固有的自然生态，最大限度地维护它？按照俞孔坚"反规划"的城市规划设计理念，新型城镇建设也应该首先从规划和设计非建设用地入手，即注重城镇所在地域的自然格局的连续性，维护和恢复当地水土等自然形态，保护和建立多样化的乡土生态系统，在自然条件优越的城镇，依据山水格局建立绿色廊道或风景带，在植被丰茂的地域，建立乡镇苗圃基地。唯有如此，大地的绿脉才能焕发生机，中国的乡镇才会保持各自的地理特色，中国的城镇风景才会灿烂多姿，而"新城"运动中"千城一面"的窘迫和丑陋，在新型城镇的建设中因此也能得以避免。

敬畏自然固然重要，更重要的是，人必须在自己的历史中反观和认知自己。正如风雨水火在大地上刻画出自然纹理并形成自然景观一样，人类衣食住行的痕迹留在大地之上，那些足迹与道路、门廊与桥梁、篱笆与墙壁，不仅是人类的历史遗存，更是人文景观的要素；它们讲述的不仅仅是人与自然、人与人的喜怒哀乐，更有关人类现在和未来的生活环境与样态。因此，新型城镇建设若想为国人营造更好的生活环境，国人就必得反观城镇自身的历史，敬畏祖先馈赠给后人的历史遗存。

五十多年前的北京城改建的恶果，已经成为中国城市建设的巨创之痛，而近二十年来诸多古城的改造，很多实际上是破坏古城历史与文化生态的败笔。破坏之时，复古不如仿古的城市规划设计，在古城的旧痛之处，又添新伤。祖先的历史、生活以及光荣，在这样的过程中，被扭曲乃至消弭了。这，是人无视历史、只顾当下的结果。更为关键的是，如果祖先的历史与遗存在我们手里被破坏和消解，我们民族的后人，凭借什么来直接感知传统、认知民族历史文化的丰饶与厚重？

我们知道，如今中国有许多古镇和古村落因其历史遗存基本完好（如苏州的周庄、丽江的束河、黄山的宏村等），不仅成为历史文化遗产，成为中外著名的旅游目的地，也成为中国人历史与生活的活化石；我们也知道，在“新城”建设运动中，有不计其数的古镇或古村要么被夷为平地，要么被改造得面目全非。我们已经找不回它们，后人再也见不到它们。中国城镇发展的历史，中国人生活的历史，中国历史文化的丰富性，因此而越发残缺。更为严重的是，日渐富强的中国，将因此而越来越多地永远失去向世界展示自身历史与文化的多样性载体。

地域和民族的多样性，以及一统国家历史的相对稳定性，造就了中国千姿百态的城镇。四川都江堰的闲适气质，标识出巴蜀核心地带人们生活的悠闲性；浙江义乌大小城镇的批发商铺，展现的是“全民皆商”的气质；山东曲阜人的纯朴敦厚，呈现的是儒家文化的幽深影响。若要使后人知悉这些特质，新型城镇建设的决策者和建设者们，就必须深入“阅读”各自城镇的历史，了解那种源于当地的自然与人文进展的双重过程，理解这个过程中所蕴含和生发出的本地的人文精神及其内在力量。

敬畏自然，人便有了拥有舒适的生活环境的可能；敬畏历史，人就可以生发出文化气质和宽容精神。因此，新型城镇建设的过程中，人们在遵循敬畏自然和历史的前提下，尤其要注重以下几个面向。

首先，以“慢”的态度精细地认知城镇固有的自然格局和历史情态，甄别出城镇中哪些是绝对不可“动”的自然和历史，比如河道、古建筑群、湿地系统等。这是每个新型城镇建设规划的首务。

其次，甄别并保护城镇中自然形成的公共场所。比如，祠堂、戏台、水井等，这些古老的公共场所，如今在很多城镇可能失去了它们往昔的公共效用，但这并不意味着它们应该从历史与文化中消失。相反,未来这些场所就是后人的瞻仰之地,正如西方城镇的教堂一样。

再次,着手整理和抢救各城镇的非物质文化遗存。这点对少数民族区域的城镇尤其重要。比如,如今的纳西古乐就保存得很好,但哈尼梯田申遗成功后,哈尼族的生活习俗以及建筑样式和技术,却因为旅游的兴起而遭到不同程度的破坏。中国历史和文化的丰富性,有赖于民族的多样性。由于少数民族城镇大多是其民族文化和风俗习惯的集中地,对这些城镇尚存的非物质文化遗存进行整理和抢救,一方面是保持这个民族的民族性的需要;另一方面,从经济发展的角度讲,也是为新型城镇未来的观光和旅游开发积累历史与文化资本。

最后,任何城镇的建设实践,都应该尽可能让本地设计师与资深工匠参与其中。因为,这样的设计才属于当地的自然与历史文化传承,才因为是当地人的设计而通达于他们自己的生活。遗憾的是,这点往往被决策者们所忽略。由于“新城”建设运动中,许多城市都聘请外国设计团队或外地某设计单位进行规划设计,它们往往疏离于当地的自然和历史,其设计即便美轮美奂,但实际上却是用现代性的形式美,遮蔽乃至损害了当地历史与文化的质地。

城市化或城镇化是欧美文明馈赠给中国发展的经验之一,新型城镇建设要受用好这个经验,绝非是发展规划和设计图纸所能解决的,它需要从中国乡镇人及其生活出发,融合其自然和历史,以乡镇人对自己的乡镇有归属感为目标,这样,新型城镇建设才会更美好。

(作者为苏州大学中国特色城镇化研究中心研究员、苏州大学政治与公共管理学院讲师)

社会管理、“软权力”与大众传媒功能的优化

沈承诚

近期，偶观到陈行之先生对《南方日报》(2010 年 7 月 29 日)社论《反对动用公权力压制舆论监督》的评述文章《权力控制 · 舆论遮蔽 · 社会后果》，细读之，有感不妥。陈先生在认同《南方日报》社论标题观点的同时，对现今社会现状进行了总结性和推演性的论定——无产阶级专政就是国家对人民施行的暴力统治，公权力正在压制着社会舆论，并带来十分严重的社会后果。笔者也认为公权力不仅不应该压制舆论，反而应虚心接受社会舆论的监督，但对陈先生上述总结性结论的正确性和故事性推演过程无法苟同。笔者也从陈先生评述之源起《南方日报》社论入手，阐述社会管理、“软权力”和大众传媒间的互动关系，回应陈先生的观点。

改革开放以来，如何从依靠僵硬的权力“硬控制”转变为通过文化领导及社会舆论引导实现“软控制”，是执政党与政府一直关注的焦点，这既是相应制度变革的主要线索，也是社会进步的重要体现。这种“软控制”实质上依赖的是与文化、意识形态和制度等抽象资源相关的、决定他人偏好的“软性同化式权力”，即这种权力通过吸引力而非强制手段，让他人自愿与你的目标趋同。与“软性同化式权力”不同，硬权力主要指通过威胁或奖励让别人做他们不想做的事情的能力。很明显，大众传媒是最为有效的“软权力”催化平台，因为现代社会的大众传媒已经成为现代人认知世界，形成价值判断，调适行为模式的主要工具。可以说，大众传媒掌握着“符号资本行使权力”，进而在一定意义上掌握着主导性的话语权，这将成为不同价值理念、话语体系和利益主体争夺话语权的主战场。在多元化社会中，如果公共空间缺乏共同价值观的凝聚和统御，那么将会出现多种意见纷繁杂陈，极端替代理性，浊见淹埋真知的局面。可以说，和谐社会的建设、“中国梦”的实现，离不开政府对公共空间的舆论引导和对社会的高效管理。而这都需要政府借助大众传媒，催化自身的“软权力”，实现公权力行使的人性化或柔性化。陈行之先生基于《南方日报》个案资料和“县委书记—省委书记公子—省委书记”间的

故事性材料，硬性描绘出政府公权力与大众传媒间的对立关系，认为公权力在进行舆论控制、谋取私利，这一观点以偏概全，缺乏严谨性的逻辑论证，难以令人信服。

一、你能相信处于纵向权力末端的县乡政府能够控制大众传媒，进而主导社会舆论吗

当今社会已经没有哪一种力量可以使所有大众媒体对新闻热点事件保持集体式的“沉默”或者由某一层级地方政府及某一家媒体进行主导性的叙述。《南方日报》社论所反映的问题恰恰说明有相当多的大众媒体能够仗义执言，相关记者也拥有较高的职业素养，并享有相当大的新闻采访和报道自由。部分地方政府“狗急跳墙”，动用公权力妄图干涉新闻报道自由、影响社会舆论的行为恰恰说明他们“急”、他们“怕”。为什么“急”、为什么“怕”呢？因为上级政府，特别是中央政府关注社会舆论，关心群众利益，且能够通过“雷厉风行”的纵向权力的“问责”快速打破地方利益集团的“共谋”局面，实现社会正义。当然，面对公众对新闻事件真相的需求，大众媒体也不是简单地复述新闻事实，而是在不同新闻视野下积极地建构“事实”，从而影响到事件的最终走向。

二、在不细分大众传媒不同形态和差异行为情况下，进行故事性的或者笼统的事件评述，缺乏严谨性

陈行之先生在评述过程中，并未关注到同一事件中大众传媒间的不同形态与差异行为，以及它们之间的竞合关系和在价值取向上的差异。可根据《南方日报》社论所提事件将大众传媒分为两大类：体制内媒体与体制外媒体。传统体制内媒体又分为属地内体制内媒体与属地外体制内媒体。在《南方日报》社论所提事件中，可以发现虽同为体制内媒体，属地内的体制内媒体在事件爆发前，对相关问题大多采取漠然视之的态度，“不报道”成为基本的行为选择。即使在事件爆发后，也往往进行“淡化处理”，不加辨别地接受相关企业及地方政府部门提供的“虚假”材料，转移大家的视线，甚至会将“不明真相的群众”“一小撮”“破坏安定团结”的标签加注于事件的参与者身上。相比而言，由于缺乏直接的利益关联，属地外的体制内媒体相应能发挥比较好的监督功能，《南方日报》社论本身就是力证。

另外，基于受众结构与技术特点的差异，以及与政府的密切关系，大众传媒聚焦的社会问题往往能迅速折射于政府政策与行为上，成为利益表达的高速通道。当然，正是大众传媒与政府的密切关系，以及市场机制下生存竞争的现实，使某些

大众传媒（主要是属地内体制内媒体）有时偏离代表“大众”的本质，成为地方政府与强势群体的“喉舌”，从而无法全面、深入地对弱势群体的利益诉求进行关注。当然，也应注意到在属地外体制内媒体的报道中，亦存在报道不实的现象，如用一些格式化和轰动性的话语及图片，刻意塑造与渲染，给事件处理带来消极后果。

三、体制外媒体的“广场狂欢”也需要理性的伴随

相比体制内媒体，以互联网为平台的体制外媒体掣肘因素较少，更具“草根”性质，能更为朴实地反映利益主体的诉求。但网络议题设置与利益诉求主体间的供需矛盾，使网络虚拟媒体往往为吸引“眼球”而夸大利益表达的内容，并采用乖张的利益表达方式，多个网络“大V”被捕后的罪状自白与忏悔之语就是力证。美国心理学家戴维·梅尔斯和乔治·白绍波在《互联网心理学》一书中，揭示了志趣相投者聚集一起讨论问题时，会出现“向边缘移动”的现象：当团体中出现相对极端信息时，原本持有中立观点的成员将在讨论后从中间地段向边缘移动；而当团体成员大致形成一致观点时，某一成员明确表明不同观点的行为将是危险的，容易被“边缘化”。当然，上述现象还反映了转型社会所弥散的集体性焦虑。而网络论坛恰好提供了一种类似于广场狂欢式的公共平台广场，亢奋的情绪和激进的语言是这一平台的基本标签。因此，体制外媒体的“广场狂欢”也需理性的伴随，政府公权力的网上责任不能缺失。

四、大众传媒的舆论监督既不是当政府的“顺民”，也不是搞“对抗”

在公众利益表达渠道相对狭窄与低效的状况下，政府要了解群众需求，维护群众利益，就必须关注而不是忽视大众传媒所报道的相关信息。从2007年11月1日起正式施行的《突发事件应对法》，明确删除了原稿中关于新闻媒体不得“违规擅自发布突发事件信息”和“突发事件所在地政府对新闻媒体的相关报道进行管理”的规定，这意味着，一个地方一旦出现社会冲突事件，地方政府就不应运用公权力“管控”或者说“协调”媒体的采访报道，妨碍媒体行使舆论监督的权利。

要提升体制内媒体利益的表达功能，就必须强化其自身的“独立性”。而健康网络文化的培育与网民素质的提升是体制外媒体强化利益表达功能的主要路径。无论是体制内媒体，还是体制外多种形态的网络媒体，都应发挥监督功能，成为推动社会进步和监督政府公权力行为的重要力量。体制内大众传媒要发挥与政府关系密切的优势，迅速将信息反映给相关政府部门，以便进行科学的决策。事实

上，体制外大众传媒要发挥舆论监督的功能，也要与政府形成相对良性的互动关系。真正的监督一是种良性的互动，既不是当政府“顺民”，也不是搞“对抗”。

（作者为苏州大学中国特色城镇化研究中心研究员、苏州大学政治与公共管理学院副教授）

生态农产品城乡合作对接是驱动新型城镇化发展的新支点

苑 丰

十八大报告中提出的新型城镇化是以城乡统筹、城乡一体、产城互动、节约集约、生态宜居、和谐发展为基本特征的城镇化，是大中小城市、小城镇、新型农村社区协调发展、互促共进的城镇化。然而在当前农业综合生产成本上升、农业资源要素流失加快、农产品供求结构性矛盾突出的态势下，一方面，农民发展生态高效农业面临市场消费制约、增收困难的困境；另一方面，市民由于农产品生产、流通过程的信息不对称及资本利润取向的经营主体的剥夺，面临消费信心不足、农产品价格壁垒以及价格难有保障等困境。因此，建立城乡要素平等交换机制，实现新型城镇化的产业、生态环境、人才和建设主体支撑的要求显得更为迫切。

一、生态农产品城乡合作对接的含义

所谓“生态农产品城乡合作对接”是指以生态农产品生产经营组织创新，即农户生态种(养)与市民消费合作社实现对接，来激活县域经济发展要素、培育市民绿色消费新热点，以此形成城乡要素的可持续流动与共融。实现这一点，需要两个合作社的建设。

其一，通过直接对接市民消费合作社的农户生态种植(养殖)专业合作社[简称“农户生态种(养)合作社”]，使农民获利。互助合作导向的农户生态种(养)合作社是区别于市场经济环境下的普通型农民专业合作社。具体来说，首先是经营理念创新。互助合作导向的农户生态种(养)合作社的理念是“劳务合作促发展，经营收入敬老人”，即以合作社经营盈利的一部分(如20%)用于村庄或社区内入社老年人养老福利的发放，以此带动村内或社区内敬老爱老、扶危助困风气的形成。其次是销售模式创新。组织村内或社区内的老年人以原生态优质平价农产品通过“产+销合作社无缝对接”供应市民生活，避免盲目生产导致产品堆积或通过化学添加剂来延长农产品储放时间等侵害消费者权益的做法出现。再次是产权结构创新。互助合作导向的农户生态种(养)合作社的产权结构分为四个部分:①“夕阳红公益股”:占全部合作社股权的20%,用于发展包括养老、扶危助困等在内的乡村公益事业;②资金股:由资金入股人持有,占全部股权20%;③消费助农股:由市民消费合作社持有,属于支持可持续农业和乡村公益事业的助农股份,占全部股权10%,不参与分红,只派代表参与监督、管理;④公共股:由合作社资产中的公积金、风险金组成,归全部社员共同所有,占全部股权的50%。

其二,通过直接对接农户生态种(养)合作社的市民消费合作社,使市民消费放心。城乡互助导向的市民消费合作社是区别于市场经济环境下的普通型消费合作团体。具体来说,首先是经营理念创新。互助合作导向的市民消费合作社的理念是“以阳光生产促进阳光消费,我的食物我做主”。其次是会员消费服务创新。不仅以消费合作方式销售生态农产品,提供与生态农产品消费相关的文化健康服务,而且通过实地考察并支持筹建农户生态种(养)合作社作为信得过、稳定的产品供应基地。再次是产权结构创新。互助合作导向的市民消费合作社的产权结构分为四个部分:①“绿色公益股”:占全部合作社股权的20%,用于支持筹建农民生态种(养)合作社建设;②资金股:占全部股权20%;③产品生产股:由直接对接的农民生态种(养)合作社持有,占全部股权10%,不参与分红,只派代表参与监督、管理;④公共股:由合作社资产中的公积金、风险金组成,归全部社员共同所有,占全部股权的50%。

二、生态农产品城乡合作对接对新型城镇化发展的意义

随着城乡居民消费档次的提升和消费理念的转变,城镇居民农产品的消费定位将在温饱的基础上加速向享受和发展转变,将更注重消费质量和消费安全。但当今农产品质量安全问题频频发生,已经成为社会关注的焦点。在“市场失灵”和“政府失灵”的双重风险下,居民食品安全保障体系应该向多元社会主体参与的综合监管体系方面完善,应该向减少产销之间的空间距离和渠道环节,有利于产销互动的短链农业模式发展。

一是为新型城镇化提供绿色农业产业支撑。利用自身的优势向周边地区和广大农村地区进行辐射,带动郊区、农村一起发展,这是城镇责无旁贷的义务,它应该做到而且也可以做到,问题是我们要有这种意识、视野、规划和措施。千万不能搞成孤岛式的城镇。生态农产品新型城乡合作对接有利于克服以资本为本位(利润取向性)的经营模式对农户利益的剥夺和信息不对称对消费者权益的侵害,并以合作社诚信为本位(互助取向性)来构建基于信息全对称的生态农产品长效

流通机制。这对于推进新型社区和新型城镇产业生态的转型,对于推进以城市带农村、工业融农业、消费带农户、生产促生态将起到直接的带动作用,从而为新型城镇化提供绿色生态新兴产业支撑。

二是以生态农产品产销的良性循环助力新型城镇化的生态环境建设。生态宜居的新型城镇化除了注重生态基础设施和宜居生态工程建设(比如汽车交通将转向生态交通;将耗能建筑变为节能建筑或产能建筑;通过地表软化、屋顶绿化、下沉式绿地等生态工程措施,实现对生态占用的补偿,使建设用地兼有生态用地的功能)之外,还需要从生态农产品产业发展壮大入手,从根本上解决生态环境建设的可持续问题。在这方面,生态农产品新型城乡合作对接通过可追溯的农产品生产体系提升市民绿色消费信心,带动可持续农业生产规模扩展,从而为新型城镇化的生态环境建设做出贡献。

三是有利于提升城乡居民幸福生活指数。新型城镇化不是简单的城市人口比例增加和规模扩张,而是强调在产业支撑、人居环境、社会保障、生活方式等方面实现由“乡”到“城”的转变,实现城乡统筹和可持续发展,最终实现“人的无差别发展”。换言之,我们不能为城镇而城镇,发展城镇的目的是为人服务。要树立牢固人本思想,创造良好的人本环境,形成良好的人本气氛,实现为人服务的功能。生态农产品新型城乡合作对接,一方面,以服务民生为目标,紧密围绕市民食品安全和品质提升搞好服务,其中市民消费合作社业务可以包括:①以消费合作方式销售生态农产品;②提供与生态农产品消费相关的文化健康服务;③实地考察并支持筹建农户生态种(养)合作社作为产品供应基地。这些业务有利于使市民获得更多放心的、高品质的、价格合理的生态农产品,在开发中享受农业的生产、文化、生态旅游等多种功能,提升生命品质。另一方面,通过减少商品流通环节、扩大产品消费市场,使更多商业利润留在乡村,从而扩展农民盈利空间。其次,通过筹建直接对接市民消费合作社的以乡村公益事业(养老、扶危助困等)为宗旨的农民生态种(养)合作社,使农民在获利增收的同时,通过兴办集体公益事业提升幸福指数。

四是生态农产品城乡合作对接可以为新型城镇化发展提供组织载体。新型城镇化的建设不能只是依靠政府和商业投资,而需要基于城乡社会发展自身需求来培育新型建设主体。通过市民消费合作组织提升市民生活品质、降低生活成本。市民对农产品的生产、加工、流通、销售全程有透明的了解,从而增强市民对生态农产品消费的信心,以此作为市民行使了解食物权利、通过购买行为来推动帮扶基地可持续农业发展、支持农村公益、抵制无良黑心商家和不法资本以及倡导环保理念的重要载体。同时,在乡村治理中承担一定乡村公益事业的农民合作组织也可以驱动农村社会管理创新。此外,城乡合作对接还有利于在全社会倡导诚信互助的社会新风尚。

三、生态农产品城乡合作对接的发展思路

目前,开展生态农产品“城乡合作、互助共赢”的具体对策包括以下几点。

一是加强宣传教育,提高认识,增强生态环保意识。生态农产品是指运用现代农业的各种先进理论和科学技术,改变过去由大量使用化学药物和肥料等带来的弊端,吸收农业中的农艺精华,采用全新的生产方式,有利于保障人民的健康、安全,有利于提高作物产品的产量、质量和效益,有利于提高产品的销售竞争力,满足国内外市场的需要的新型农产品。要充分利用电视、广播、新闻媒体,印发科技资料,办技术培训班等多种行之有效的方法向城乡居民普及宣传这方面的知识,让人们充分认识到发展农产品生态种养和绿色消费的重要性和紧迫性,认识到发展生态农产品与人们切身利益息息相关,增强人们的环保意识,培育人们绿色消费观念,创造一个有利于无公害农业发展的外部环境。

二是鼓励城市居民开展合作消费。合作消费是指对某种或某类消费品或服务有共同需求的消费者群体,形成各自特定的消费组织,并通过有组织的购买和合作而实现的、低消费成本(一般要低于同类消费品或服务的市场价格)的消费行为或消费方式。这方面的工作主要包括目标人群对绿色无公害产品的消费意愿、消费方式、产值容纳规模,社区(或单位)宣传建立方式,合作社社员权利与义务,内部规章制度建设,建立合作社带头人人才库和培训基地,等等。

三是完善城乡结合、互助共赢新型城乡对接模式的技术支撑。随着现代交通、物流仓储、通信条件的发达,研发适合城乡对接的技术支撑已成为现实。这方面的工作具体包括构建信息技术平台,实现对生态农产品全天候实时视频跟踪、在线交流、产品介绍与订货、合作社成员的技能培训和思想教育等功能;构建信息化条件下生态农产品物流配送体系,包括科学的市场需求预测、物流节点布局、配送通道以及服务考评体系;等等。

四是建立健全发展互助合作社的优惠政策。2013年中央一号文件指出:农民合作社是带动农户进入市场的基本主体,是发展农村集体经济的新型实体,是创新农村社会管理的有效载体。应着力按照积极发展、逐步规范、强化扶持、提升素质的要求,加大力度、加快步伐发展农民合作社,切实提高引领带动能力和市场竞争能力;安排部分财政投资项目直接投向符合条件的合作社,引导国家补助项目

形成的资产移交合作社管护,指导合作社建立健全项目资产管护机制;对示范社建设鲜活农产品仓储物流设施、兴办农产品加工业给予补助;引导高校毕业生到合作社工作;等等。

（作者为苏州大学政治学博士后流动站博士后）

不要放大社会冲突事件背后的公民政治改革诉求

张振波

社会冲突分为直接冲突与间接冲突两种类型,其根本区别在于,直接冲突有明确的冲突对象,其发起者与参与者是直接的利益相关者,而间接冲突则没有明确的冲突目标,其发起者和参与者并非是直接的利益相关者。近年来,在我国暴发的大多数社会冲突,其发起者几乎全部都是出于明显的利益冲突,而其参与者则大都是直接的利益相关者。少部分与事件并非直接相关的间接冲突参与者,也是由于自身利益受损后长期无法得到及时补偿,日积月累形成对社会的不满情绪所引起的。

改革开放以来,传统的利益结构迅速解体,利益分化与价值多元趋势日益显现。有学者依据人们所得利益、所处地位及所发挥作用的不同,将当前的社会分为四大利益群体,即特殊获益者群体、普通获益者群体、利益相对受损群体和社会底层群体。在四大群体中,利益相对受损群体和社会底层群体都会持有较强烈的社会弱势心理,他们有更强烈同时也更脆弱的自尊心理,更容易成为社会冲突的直接发起者,也更会不自觉地被其他社会冲突所动员,从而成为间接冲突的发起者。

这表明,日益严重的财富分配不均已从单纯物质层面演进到心理层面,即心理产生相对剥削感的增强、阶层的对立情绪等,这是社会冲突产生的根源和关键诱发因素。当前集中暴发的农民维权抗争事件、企业工人维权抗争事件、城市社区业主维权事件以及环境事件下的维权抗争事件等,都体现了社会冲突背后鲜明的利益纠葛。

当代社会,利益分化与价值多元化趋势日益明显。利益分化必然产生利益诉求,而价值多元化则增加了公民利益诉求的复杂化和多元化。公民存在复杂多样的利益诉求,这是社会发展的必然规律,也是维护社会秩序、疏浚社会关系的必要内容,更是社会系统的润滑剂与安全阀,可以不断地释放社会张力,保持社会结构的弹性，具有维护社会系统健康有序与良性运转的正功能。因此，地方政府应积极回应公民的利益诉求，努力缩小甚至消除利益差别，从而巩固社会关系，维护社会稳定。

然而，与公民强烈的、多元化的利益诉求相比，地方政府在应对各类社会冲突时，往往存在思维陈旧、体制迟钝、举措不力与行为笨拙等问题，且处置手段封闭僵化，缺乏公开度与弹性。具体来说，政府固守传统的管制思维，往往放大与聚焦于社会冲突的外部特征，将其视为违法的、具有危害性的群体性"事件"，在应对中强调通过纵向的责任分包实现硬性控制。政府的这种思维理念与行为路径违背了社会冲突的生成、演化与消解机理，也难以有效回应公民的现实利益诉求，往往引致更大规模的社会冲突。

由以上分析可知，利益冲突影响了我国公民的社会认同感与共同的价值取向，利益受损群体受到"共鸣效应"和社会动员的影响而成为社会冲突的直接或间接的利益相关群体，从而从根本上导致社会冲突的产生。随着利益分化与价值多元化的趋势日益明显，公民现实利益诉求呈现高强度与多元化特征，而与之相对应的则是地方政府回应公民利益诉求的体制迟钝，这成为公民政治改革诉求的重要根源。

因此，公民的真正诉求体现在政府对公民利益表达的有效回应上，而不应该过度放大社会冲突背后的政治改革诉求。主要体现在两个方面：一方面，当前的社会冲突大多为非对抗性、非政治性的利益诉求行为，这些冲突是可以通过适当的途径疏导的，我们的任务是寻找疏导途径，宣泄社会冲突的压力能量，减少发生冲突的可能性；另一方面，公民对党的执政合理性及中央政府的政策合理性的认可度较高，无论是直接还是间接的社会冲突，公民不满的社会原因并非是反社会的政治情绪，更不涉及我国核心价值观念与基本政治原则，更多情况下是就事论事，只是表达对事件处置公平性的不满、对处理问题的部门公平性的怀疑、对基层政府处置能力的否定。

化解社会冲突背后公民政治改革诉求，应切实推进基层民主化改革，实现基层选举的广度拓展与深度挖掘。这主要取决于两个方面：一方面，政府官员应该转变思维，破除"提拔费神，任命费事，选举费神又费事"和"只要搞选举，就会被下台"的错误思维，实现自身政治理念与执政方式的现代性转型。另一方面，在以选举为内核的基层民主日益发展的背景下，公众会审视与重塑自身的行为，并通过选票将自身的意愿与利益诉求折射到政府的公共政策上。随着政治领域改革的不断深化，中国选举民主的推进与拓展取得了巨大进步，有利于公民利益表达的实现，但其固有弊端在社会转型期逐渐凸显出来。中国基层民主选举更多地体现了一种规划式、工具式的民主，即地方政府为有效应对转型社会中普遍出现的基层治理危机，以基层选举为载体，以运动式动员为手段，通过激发基层群众的政治参与热情，达到分摊治理责任的目的。这种自上而下操控型的选举民主不但不能消除公民利益分化、应对公民利益诉求，反而会激化社会矛盾，引发社会冲突。

和谐的政府与公民关系作为和谐社会的重要组成部分，扮演着至关重要的角色。政府作为公权领域的主体，遵循公权运作的内在逻辑，而公民作为社会自治领域的主体，遵循社会自治的内在逻辑，不同的领域和运作逻辑，使实现政府与公民的和谐关系，实现基层群众自治与政府行政管理的有效衔接，成为和谐社会构建的难点，也成为政界和学界普遍关注的问题。现实社会中，基层自治的情况仍不容乐观，以村委会和居委会为代表的各种社区自治组织逐渐被淹没在政府交办的各种事务中，原本属于“自治”的社区组织被行政化、科层化；村委会（居委会）委员日益官僚化、公务员化。显然，要化解这种社会控制有余、社区自治不足的窘境，就必须理顺基层政府行政管理权与公众社区自治权的关系，明晰权力界线，实现权力分工，形成权力间的良性互动，从而重塑城市与农村社区党组织主导下的群众权益维护机制，将体制外的利益表达逐步纳入到体制内来，实现社会压力的理性而有序释放。

（作者为苏州大学政治与公共管理学院博士研究生）